¡Ssssssshhhhhhhhhh!

Haz del teatro algo íntimo

Llévalo siempre en el bolsillo

Cubierta y diseño editorial: Éride, Diseño Gráfico
Dirección editorial: ángel jiménez
Coordinación de la colección: Javier Llanos

Primera edición: junio, 2024

Las nubes
© Francisco Mir Maluquer
© VdB®, 2024
Espronceda, 5
28003 Madrid

VdB®

ISBN: 978-84-19850-54-6
Depósito Legal: M-14450-2024
Diseño y preimpresión: Éride, Diseño Gráfico

Este libro protege el entorno

las nubes

DE ARI y STOFANES

Esta obra se representó dentro de la programación
de la 69a edición del Festival Internacional
de Teatro Clásico de Mérida.

Dirección: Jesús Cimarro.

Paco Mir
(Barcelona,1957)

Francisco de Paula Mir Maluquer, conocido como Paco Mir es un humorista, actor, director, guionista, diseñador y productor español. Como historietista, formó parte del colectivo Quatricomía-4, junto a T.P. Bigart, Josep Maria Sirvent y Tha. Es miembro de la compañía de teatro Tricicle, junto con Joan Gràcia y Carles Sans.

Licenciado en Bellas Artes por la Universidad de Barcelona y el Instituto del Teatro de Barcelona.

Dentro del mundo del teatro ha adaptado y dirigido obras como *Políticamente incorrecto* o *La cena de los idiotas*, de Francis Veber, y ha escrito dos obras: *No es tan fácil* y *¿Conoces a Prosineckty?*

Ha colaborado en numerosas películas, dirigiendo en 2003 *Lo mejor que le puede pasar a un cruasán*. Su labor como guionista abarca desde cine hasta historieta —medio para el que también dibujó publicando en revistas como el TBO y El Jueves—, pasando por la televisión y la publicidad.

En 2008 adaptó el musical *Spamalot* de los Monty Python, introduciendo más humor, versión que obtuvo una gran reputación. Dos años después, adaptó *Noises Off* al catalán (*Pel davant i pel darrera*). En 2011 publicó su primer cuento *Monumento a la cometa*. En 2011-2012 adaptó y recreó *Forever Young* de Erik Gideon. También en 2012, tradujo *Candide* de Leonard Bernstein y terminó su obra para Tricicle, *Garrick*.

En 2015 publicó el libro *Ya me quejo yo por ti* (Ed. Comanegra), un diario escrito por Agustín Mellado —un antiguo compañero de novillos de Paco— en el que resume sus neuras diarias sobre la vida, el trabajo y las mujeres.

PACO MIR

las nubes

Adaptación de las nubes
de
ARI Y STÓFANES

Esta función se estrenó en el Teatro Romano de Mérida
el 26 de julio de 2023, interpretada por Mariano Peña (ULTIMÁTUM),
Pepe Viyuela (ESTREPSÍADES), Cristina Almazán (JULIA),
Manuel Monteagudo (SÓCRATES), Moncho Sánchez-Diezma (CALATRAVIUM /
QUEREFONTE / POMPONIO), Samuel Viyuela (HIPOCOMISO),
Paqui Montoya (UNA NUBE / ARGUMENTA PEOR / PASIAS),
y Amparo Marín (UNA NUBE / ARGUMENTA MEJOR / EOLIA)

Dirección: Paco Mir.

Personajes

ULTIMÁTUM	Programador teatral.
ESTREPSÍADES	Agricultor ateniense.
EMPRESARIA	Señora Julia.
SÓCRATES	
CALATRAVIUM	Arquitecto.
QUEREFONTE	Discípulo de Sócrates.
POMPONIO	El acreedor afásico.
HIPOCOMISO	Hijo de Estrepsíades.
PASIAS	La acreedora airada.
EOLIA	La acreedora incontenible.
ESCLAVA 1	
ESCLAVA 2	
ARGUMENTA MEJOR	
ARGUMENTA PEOR	
CORO 1	
CORO 2	

2 👤 6 👤 1 📢

Acto primero y último
Escena 1
Calle

VOZ
La acción se sitúa en el año decimoquinto después de Cristo en la colonia romana de Augusta Emerita, la actual Mérida.

(*Suena la obertura y entra el* CORO *para ejecutar la típica gran entrada.*)

CORO DE NUBES (*Cantando.*)
En un plis plas esta función va a comenzar...

(CALATRAVIUM *entra precipitadamente y los echa del escenario. A poca distancia de él, entran* ULTIMÁTUM *seguido de la* EMPRESARIA.)

CALATRAVIUM
(*Por lo bajini.*) ¡Fuera, fuera! Ahora no, cuando os llame, cuando os llame.

(*Las luces se apagan. El* CORO *se retira extrañado.*)

EMPRESARIA
¡Ultimátum!

ULTIMÁTUM
Señora.

EMPRESARIA
¿Quiénes eran esos?

ULTIMÁTUM	¿Quiénes?
EMPRESARIA	Esos que se acaban de ir.
ULTIMÁTUM	¿Quiénes se acaban de ir? No me he fijado. ¿Tú has visto a alguien?
CALATRAVIUM	No, yo no he visto a nadie...
EMPRESARIA	Pero si estaban aquí cantando y bailando muy maquillados...
CALATRAVIUM	¿Cantando y bailando?
ULTIMÁTUM	¡Ah, sí! No son nadie, son los obreros, que están preparando un número para la fiesta de inauguración del teatro y aprovechan cualquier momento para ensayar... ¿Qué? ¿Qué os parece?
EMPRESARIA	Bueno, apenas los he visto bailar...
ULTIMÁTUM	No, el teatro, ¿que qué os parece el teatro?

(La EMPRESARIA *se pasea por el escenario seguida por* ULTIMÁTUM *y* CALATRAVIUM.)

EMPRESARIA	¡Ah! El teatro... El teatro... El teatro...
ULTIMÁTUM	¿Qué os parece?
EMPRESARIA	Grande, me parece grande...

ULTIMÁTUM	¡Gracias!
EMPRESARIA	Es una ironía...
ULTIMÁTUM	¡Ah! ¿Que sea grande es algo malo...?
EMPRESARIA	Sí, porque si es grande quiere decir que es caro.
ULTIMÁTUM	Ya... Bueno, pero, el teatro en sí..., ¿qué os parece?
EMPRESARIA	Que va a costar mucho derruirlo...
CALATRAVIUM	Bueno, es que este es fijo, lo de edificar un teatro solo para las fiestas y después tirarlo abajo ya no se lleva.
EMPRESARIA	¿Y este quién es?
ULTIMÁTUM	¿Este? El que ha ordenado todas estas piedras.
CALATRAVIUM	El arquitecto.
ULTIMÁTUM	¡El maestro de obras! Calatravium, y sí, los teatros ya no son de un solo uso, ahora la moda es que duren para siempre; ya sabéis lo pesados que se están poniendo los ecologistas con todo eso del reciclaje y la soste no sé qué..
EMPRESARIA	¿Cuánta gente cabe aquí?

ULTIMÁTUM	Unos seis mil..
EMPRESARIA	¡Seis mil personas! ¡Por Júpiter! ¿Mi marido no te encargó un teatro para mil personas?
ULTIMÁTUM	¿Ah, sí...? No me quedó claro.
EMPRESARIA	¿Sabes cuánto me tendré que gastar en publicidad para llenarlo? ¡Esto es enorme!
CALATRAVIUM	Bueno, tampoco tanto. Es un teatro de los medianos, en los grandes caben muchísimos más. En el de Epidauro por ejemplo, caben 14.000 y en Roma están planeando hacer un coliseo para 65.000 espectadores..
EMPRESARIA	Me dan lo mismo los otros teatros, mi marido te encargó un teatro de mil personas, y lo sé muy bien porque la idea fue mía.
ULTIMÁTUM	Sí, bueno, quizá sí que dijo algo de mil personas pero es que, viendo la caída de la colina de san Albín, que ahora no se ve porque el teatro la tapa, era una lástima desaprovechar la orografía.
EMPRESARIA	¿Orografía? No te hagas el intelectual inventándote palabras, por favor, que no lo soporto.
ULTIMÁTUM	El terreno, perdón, quiero decir que no todo el teatro está construido, hay una parte que está apoyada en la colina...

CALATRAVIUM	Es que está todo muy bien pensado.
EMPRESARIA	¡Seis mil personas! El teatro está en plena crisis y nosotros construimos uno para seis mil personas.
CALATRAVIUM	Sí, y todas con una visibilidad excelente.
ULTIMÁTUM	Cuando regrese su marido, el gran cónsul Marco Vipsanio Agripa, ya veréis, le va a encantar... Porque sigue fuera, ¿verdad?
EMPRESARIA	Sí, sigue fuera, intentando demostrar a los pueblos extranjeros que ser romano es lo mejor que se puede ser...
CALATRAVIUM	¿Y en qué guerra está ahora?
EMPRESARIA	¡Yo qué sé! ¡En la guerra! ¿Importa mucho el nombre de la guerra?
ULTIMÁTUM	No, no, para nada... Bueno, para escribir tragedias sí.
EMPRESARIA	¿Para escribir tragedias?
ULTIMÁTUM	Sí, porque a los escritores de tragedias siempre les gusta dar datos sobre las guerras, pero vaya, que una guerra... es una guerra.
EMPRESARIA	¿A mi marido también le habrías puesto todas estas columnas que no se sabe ni para qué sirven?

CALATRAVIUM   Bueno, es lo que se lleva ahora...

EMPRESARIA   ¿Y estas estatuas por qué no tienen cabeza?

ULTIMÁTUM   Porque son las de los patrocinadores, y como aún no tenemos, de momento hemos hecho los cuerpos y después, cuando sepamos quienes son, ya les pondremos cabeza.

EMPRESARIA   ¿Y esa del centro que tiene cabeza quién es? ¿No seré yo?

CALATRAVIUM   No, no, es la diosa Ceres...

EMPRESARIA   No sé quién es.

ULTIMÁTUM   Sí, en Grecia la llamaban Deméter, es la diosa de la agricultura y la fecundidad, para que ayude a cosechar taquillas...

EMPRESARIA   ¡Seis mil personas!

CALATRAVIUM   ¿Impresionante, verdad?

EMPRESARIA   Mucho... Y habrás tenido que hacer lavabos para las seis mil...

CALATRAVIUM   Sí, pero tampoco tantos...

ULTIMÁTUM   ¡En lavabos le dije a este que ahorrase! (*Bromeando.*) ¡Que vengan meados de casa y, si no, que hagan cola!

EMPRESARIA	¿Más?
ULTIMÁTUM	¿¿Más??
EMPRESARIA	Las mujeres siempre tenemos que hacer cola en los lavabos porque a los arquitectos solo les preocupa que las cosas queden bonitas, que sean útiles les importa un pito. (CALATRAVIUM *ríe*.) ¿De qué se ríe?
ULTIMÁTUM	¿Tú de qué te ríes?
CALATRAVIUM	Es que como ha dicho «me importa un pito» y estamos hablando de lavabos... Perdón.
ULTIMÁTUM	Perdonadle, es arquitecto...
EMPRESARIA	Espero que en mi teatro haya más lavabos para mujeres que para hombres...
CALATRAVIUM	Sí, sí, por supuesto...
EMPRESARIA	¡¡Seis mil personas!! ¿Tú sabes cuántos pueblos va a tener que saquear mi marido para pagar todo esto?
ULTIMÁTUM	Bueno, quizá sí que nos hemos salido un poquito del presupuesto.
EMPRESARIA	¿Nos hemos? Yo no me he salido de ningún sitio.
ULTIMÁTUM	Ni yo.

CALATRAVIUM   Bueno, yo quizá sí que me he salido un poco del presupuesto... Pero tiene las últimas innovaciones del gran arquitecto Marco Vitrubio: accesos laterales, orquesta para que actúe el coro, escena para los actores principales, vomitorios para que el público entre y salga con facilidad...

EMPRESARIA   Caro, caro, caro y caro... (*Por el público.*) ¿Y todos estos quiénes son?

ULTIMÁTUM   ¿Quiénes?

EMPRESARIA   Estos que nos miran.

ULTIMÁTUM   ¡Ah, nadie! Esclavos.

EMPRESARIA   ¿No me digas que ahora los esclavos van al teatro?

ULTIMÁTUM   No, solo los hemos traído para hacer una prueba de resistencia...

EMPRESARIA   A las tragedias. Mira, eso me parece bien, porque para mí siempre son largas.

CALATRAVIUM   No, una prueba de resistencia de las gradas, para ver si soportan el peso de tanto público.

EMPRESARIA   ¿Y aguantan?

CALATRAVIUM   Pues de momento...

EMPRESARIA   ¿No son muy bajitos?

ULTIMÁTUM   ¿Los esclavos? No, normales... ¡Ah, ya! Es que parecen bajitos porque están sentados.

EMPRESARIA   ¿Sentados? ¿Dónde?

CALATRAVIUM   En bancos. Otra novedad de este teatro: hemos puesto bancos para que el público pueda sentarse.

EMPRESARIA   ¿Bancos?

ULTIMÁTUM   Sí, os van a encantar, ya veréis. (*Al público.*) A ver, esclavos, poneos todos de pie por favor, para que la señora Julia pueda ver los bancos. Solo será un momentito...

(*El público se pone en pie.*)

EMPRESARIA   ¿Y qué problema había con que el público estuviese de pie?

ULTIMÁTUM   Bueno, ninguno –ya podéis sentaros, gracias– pero esto es más moderno, es más ergonómico.

EMPRESARIA   ¡Que no te inventes palabras!

ULTIMÁTUM   ¡Más cómodo!

EMPRESARIA   ¿Y todos estos esclavos no tendrían que estar trabajando...?

ULTIMÁTUM   Sí, pero los hemos convencido para que
              vengan al teatro... ¡y pagando!

EMPRESARIA   ¿Pagando?

ULTIMÁTUM   Sí, así durante un ratito, los pobres tienen
              la sensación de que son gente normal, de
              la plebe.

CALATRAVIUM   Y estos de aquí delante, encima, pagan más.

EMPRESARIA   ¿Estos? ¿Por qué?

CALATRAVIUM   Por ocupar la Proedia, la zona de los asien-
              tos VIP.

EMPRESARIA   ¿Y eso que narices es?

ULTIMÁTUM   V.I.P. Visitantes Importantes Primero. Una
              cosa que me he inventado para subir el pre-
              cio de las entradas.

EMPRESARIA   ¿Pagan más?

ULTIMÁTUM   A la gente le encanta sentir que los demás
              les vean como importantes, y los cojines
              parecen más cómodos. No lo son, pero lo
              parecen...

EMPRESARIA   ¿Y con qué obra lo estrenaremos?

              (*Entra el* CORO *para su gran entrada.*)

CORO DE NUBES (*Cantando.*)
En un plis plas esta función va a comenzar...

CALATRAVIUM (*Por lo bajinis.*) ¡Fuera, fuera! Ahora no, cuando os llame, cuando os llame.

(*Sale el* CORO.)

ULTIMÁTUM Yo había pensado estrenarlo con algún autor griego...

EMPRESARIA ¿Griego? ¿Vamos a inaugurar un teatro romano con una obra griega? ¿No os parecen suficientemente buenos Plauto, Cicerón, Ovidio, Menandro...?

ULTIMÁTUM Sí, buenísimos, pero sería como rendir un homenaje a la cuna del teatro. Si os parece bien, claro.

EMPRESARIA ¿Y en qué tragedia has pensado?

ULTIMÁTUM En ninguna, el público ya se las sabe de memoria porque todas están basadas en los mismos mitos. Yo creo, según mi humilde parecer, que lo mejor sería inaugurarlo con una comedia.

EMPRESARIA ¿Tú estás loco? ¿Sabes lo caras que son las comedias? Se necesitan cinco actores y veinticuatro de coro...

ULTIMÁTUM Ya pero...

(*Pide ayuda.*)

CALATRAVIUM ...pero la comedia eleva la risa a la categoría de arte, la convierte en objeto de filosofía, la risa libera al aldeano del miedo al diablo...

ULTIMÁTUM ¡Exacto! Son cinco actores. Sí, es caro, pero para ahorrar, el coro lo puede hacer el público...

EMPRESARIA ¿El público? ¿Pretendes que el público pague y encima actúe?

ULTIMÁTUM ¡Si al público le encanta participar! Ya veréis, podemos hacer una prueba con los esclavos. (*Al público.*) A ver, esclavos, repetid todos a la vez: «Oh, Zeus, dios de dioses, divina criatura mayestática a quien tanto debemos, nosotros, humildes mortales.» Venga, ahora vosotros, a la de tres. Un, dos, tres! (*El público hace lo que puede.*) Bueno, no ha salido mal, no ha salido mal. Vamos a probar con algo más corto: «Oh, Zeus» (*El público hace lo que puede.*) Bien, ya lo tenemos aunque... lo bueno si breve dos veces bueno, ¿y si probamos diciendo solo «Oh»? Un «Oh» como de admiración, –«Oh»– de más admiración. –«Oh»– ¿Muy bien, no?

CALATRAVIUM ¡Estupendo!

ULTIMÁTUM	Vamos a hacer una prueba más en serio, yo improviso y cada vez que os señale decís «Oh». Cronos, el hijo menor de Urano, castró a su padre —«Oh»— que era el dios de los cielos —«Oh»—. Los restos de sus genitales cayeron al mar —«Oh, oh»— y dieron lugar al nacimiento de Afrodita —«Oooooooooh»—. ¿Lo ve? Ya tenemos coro.
EMPRESARIA	Ese de ahí no ha dicho nada.
ULTIMÁTUM	Pues por menos han acabado en lo leones.
EMPRESARIA	¿Y en qué autor habías pensado?
ULTIMÁTUM	Pues hablando de comedia y Grecia, solo hay un nombre posible: Aristófanes.
EMPRESARIA	¿Otra vez Aristófanes? ¿Es que no hay nadie más? ¿No podríamos descubrir alguna autora de la que nunca se haya hablado?
ULTIMÁTUM	¿Una autora?
EMPRESARIA	¡Sí! Ya es hora de que las mujeres dejemos de ser ciudadanas de segunda fila.
ULTIMÁTUM	Claro, por supuesto, una autora, una autora... ¡Es que hay tantas!
CALATRAVIUM	Bueno, si se trata de contar con una autora, lo tenemos fácil porque todas las obras de Aristófanes las escribía su mujer.

EMPRESARIA
/ULTIMÁTUM   ¿Su mujer?

CALATRAVIUM   Sí, Aristófanes en realidad se llamaba Sto-
                fanes, y como su esposa, Ari, por ser mu-
                jer, no podía firmar sus obras, crearon un
                nombre compuesto: Ari y Stofanes, Aristó-
                fanes.

EMPRESARIA   No lo sabía.

ULTIMÁTUM   Yo tampoco.

CALATRAVIUM   Porque son descubrimientos muy recientes.

                (ULTIMÁTUM *pide un «oh» al público.*)

EMPRESARIA   Seis mil espectadores... Y habiendo sido
                escritas por una mujer, ¿cómo es que en
                todas sus obras salen falos, pedos y toda
                suerte de obscenidades...?

ULTIMÁTUM   Porque en la Grecia clásica no había nin-
                gún tema tabú.

EMPRESARIA   ¿Ah, no?

ULTIMÁTUM   No, lo obsceno era un concepto inexis-
                tente. De todos modos, no tiene por qué
                preocuparse, hemos hecho una adapta-
                ción muy elegante y muy moderna de Las
                Nubes.

EMPRESARIA   No me gustará.

ULTIMÁTUM   Si quiere, le podemos hacer un pase para que se haga una idea aproximada del montaje. Como por nuestra cuenta ya la estamos ensayando...

EMPRESARIA   ¿Cómo que ya lo estáis ensayando? ¡Si yo aún no te he dicho nada!

ULTIMÁTUM   Es que confiamos mucho en el proyecto.

CALATRAVIUM   Ya verá, le va a encantar.

EMPRESARIA   ¿Cuánto va a durar? Porque he quedado con unas amigas para ver una crucifixión.

ULTIMÁTUM   Nada, ni un par de horitas.

CALATRAVIUM   Y una crucifixión es como una tragedia, todo el mundo se sabe el final, en cambio en esta comedia todo son sorpresas.

ULTIMÁTUM   Sí, ya veréis, es divertidísima. Nosotros dos nos iremos repartiendo los papeles, los obreros harán los secundarios y el tema coro está más que solucionado (*Gesto al público para* «*oh*».). Así que, si os va bien, podemos empezar.

EMPRESARIA   Venga, pero ligerito.

(*Sentándose en primera fila.*)

ULTIMÁTUM   Sí, sí, la obra empieza con una obertura de
             La Bella Helena, (*Ante la mirada.*) ¡qué no
             va a costar nada porque le han caducado
             los derechos! ¡Qué empiece el espectácu-
             lo! (*Da unas palmadas.*) No pasa nada. ¡Qué
             empiece el espectáculo! (*Bis.*) ¡Calatravium!

CALATRAVIUM ¡Sí! ¡¡Ahora os toca salir, ahora!!

             (*Sale el* CORO *precipitadamente.*)

CORO DE NUBES
             En un plis plas esta función va a comenzar.
             En un plis plas esta función va a comenzar.
                  Vais a reír, vais a cantar.
                Vais a flipar con tanta acción.
              Esta función es de lo más original.
             Nuestra versión es de lo más original.
                Vais a decir, que es magistral
             Que suba ya, que suba ya, el telón.

EMPRESARIA   Ultimátum.

ULTIMÁTUM   Señora.

EMPRESARIA   Ultimátum.

ULTIMÁTUM   Señora.

EMPRESARIA   ¿A qué viene esta especie de cancioncita
             con, cómo le llamas a eso, danzas?

ULTIMÁTUM   Es un estilo teatral nuevo que me he inventado, una cosa muy moderna, que me gustaría incorporar en este montaje. Yo le llamo teatro musical.

EMPRESARIA   ¿Teatro musical?

ULTIMÁTUM   Sí, yo creo que es el futuro, consiste en que los intérpretes cantan y bailan, pero, atención a la novedad, al mismo tiempo.

EMPRESARIA   No me va a gustar.

ULTIMÁTUM   Bueno, pues si no le gusta, se cambia. ¿Le parece si empezamos?

Escena 2
Interior casa de Estrepsíades

ESTREPSÍADES *intenta dormir pero los ronquidos de su hijo no se lo permiten. Hay dos esclavas somnolientas iluminando la escena con candiles atados a un palo. Durante la escena se hace de día y los rayos de sol se cuelan por los ventanucos de la fachada.*

ESTREPSÍADES   ¡Ay, Zeus soberano, qué larga habéis hecho la noche! (*Canta un gallo.*) ¡Y ya canta el gallo! ¡Será que los ronquidos de mi hijo tampoco lo dejan dormir! ¡Míralo, aquí durmiendo a pierna suelta envuelto en sus cinco mantas (*Suena un pedo.*) y sus cinco mil pedos...! (*Suena un pedo.*) En fin, relájate Estrepsíades, relájate y duerme, tus párpados pesan, tus párpados pesan, vas a dormir, vas a dormir, vas a... ¡No, no voy a dormir! ¿Cómo voy a dormir si me devoran las preocupaciones, los gastos, las deudas y, ¡ay!, ¡las chinches! ¿Y de quién es la culpa?

(*Suena un pedo. Entra la* EMPRESARIA *y, por el otro lado,* ULTIMÁTUM.)

EMPRESARIA   Ultimátum.

ULTIMÁTUM   ¿Sí?

EMPRESARIA   He dejado pasar el primer pedo, he dejado
             pasar el segundo pero el tercero ya pasa de
             castaño oscuro... ¿Esto es lo que tú llamas
             elegante?

ULTIMÁTUM   Pues en el texto original había muchísimos
             más; he dejado solo los imprescindibles...

EMPRESARIA   No me va a gustar, no me va a gustar...

ULTIMÁTUM   Lo que no os guste, lo anotáis, y después
             lo hablamos... ¿Podemos seguir?

             (*Da unas palmadas. La* EMPRESARIA *se reti-
             ra con un gesto displicente.*)

ESTREFSÍADES ¿Por dónde iba?

ULTIMÁTUM   ¿Y de quién es la culpa?

ESTREPSÍADES Sí. ¿Y de quién es la culpa? (*Suena un pedo.*)
             Exacto, tuya, la culpa es toda tuya porque
             solo piensas en tus malditas carreras de ca-
             ballos. (*El hijo relincha.*) ¡Míralo, si hasta
             sueña con caballos! ¡Así es la vida! Mi hijo
             tirándose pedos mientras sueña con caba-
             llos, y yo, burro de mí, sin poder pegar ojo
             porque no llegaré a fin de mes. (*Cogiendo
             un libro de cuentas.*) ¿Doce dracmas? ¿De
             qué le debo yo doce dracmas a Pasias? ¡Ah,
             sí! De aquel semental que le compré. ¿Cómo

se llamaba? ¡Ruin! Se llamaba Ruin y me llevó a la ruina porque de todas las carreras que tenía que ganar no ganó ni una.

HIPOCOMISO   (*Dormido.*) ¡Arre, arre arre!

ESTREPSÍADES   ¡¡¡Sooooo!!!! ¡¡¡Sooooo!!!!

HIPOCOMISO   ¡¡¡Psssschhhttt!!! Que algunos queremos dormir...

ESTREPSÍADES   ¡Será posible!

HIPOCOMISO   ¿A qué viene este mal humor? ¿Qué te pica?

ESTREPSÍADES   ¿Que qué me pica? Me pican las chinches y me chinchan todos los acreedores que me quieren chupar la sangre.

HIPOCOMISO   ¿Otra vez estamos con eso?

ESTREPSÍADES   ¿Y con qué quieres que esté si no?

HIPOCOMISO   No lo sé, pero sea lo que sea, quéjate en silencio. Buenas noches.

ESTREPSÍADES   ¡Eso, tú duerme tranquilo que tu padre ya se ocupará de preocuparse por los dos. Y, para que te enteres, todas mis deudas serán tu herencia! (*Suena un pedo.*) ¡Ay, en mala hora fui a casarme con tu madre! Yo que vivía tranquilamente en el campo con mi rebaño de ovejas, solo, sucio, mugriento y sin que nadie me dijese nada... Y va y aparece una casamentera que en menos que canta un gallo me casa con una señoritinga de ciudad loca por el lujo.

ESCLAVA 1   Amo...

ESTREPSÍADES   ¿Qué quieres?

ESCLAVA 1   Casi no queda aceite en el candil.

ESTREPSÍADES   ¿Y cómo es eso? ¿No habrás puesto una mecha de las gordas?

ESCLAVA 1   Sí, amo.

ESTREPSÍADES   ¿No has oído hablar de lo cara que ha puesto la luz hiberdrolum? ¡Pon una mecha de veinte vatios, inútil! ¿Por dónde iba?

(*La esclava se aparta.*)

ESCLAVA 2   No sé qué de loca por el lujo.

ESTREPSÍADES   Sí, mi mujer, que es aficionada a los hipódromos y tozuda como una mula, se empeñó en que el nombre tenía que empezar por Hipo... Como Hipólito, Hipócrates, Hipotálamo... Y yo, por mi padre, que trabajaba en una notaría, quería ponerle Fideicomiso. Al final, la única vez en la que hemos estado de acuerdo, le pusimos Hipocomiso... Y aquel niño que era todo dulzura,

(*Suena pedo.*) se hizo mayor y acabó ¡pareciéndose a su madre! Él va en carroza a todas partes y yo vivo a caballo entre mis prestamistas y mis acreedores. Pero por poco tiempo, porque esta noche he dado con la solución a todos mis males, una solución que seguro que a este inútil no lo gustará nada, pero tengo que convencerle sea como sea. Voy a intentarlo. ¡Hipoco...! No, suave, muy suave, dulcemente... ¡Hipocomiso, Hipocomisito!

HIPOCOMISO   ¿Qué pasa, padre?

ESTREPSÍADES   Nada, oye, dime una cosa: ¿tú me quieres?

HIPOCOMISO   Sí, claro, ¡por Pegaso!

ESTREPSÍADES   ¡No, por Pegaso no! Déjate de caballos que son los culpables de todas mis desgracias. Hipocomiso, hijo, si me quieres de verdad, de corazón, hazme el favor de obedecerme.

HIPOCOMISO   ¿Yo?

(*Salen de sus camas. Una esclava las retira.*)

ESTREPSÍADES   Sí, quiero que cambies de estilo de vida y que vayas al pensadero para aprender cosas nuevas...

HIPOCOMISO   ¿Al pensadero?

Escena 3
Calle

Cambio de decorado.

ESTREPSÍADES — Sí, la casita de enfrente; la llaman el pensadero porque en ella viven unos sabios que están todo el día pensando y pensando y pensando...

HIPOCOMISO — ¿En qué?

ESTREPSÍADES — En cualquier cosa, por ejemplo, si les hablas del cielo, intentarán convencerte de que, en realidad, el cielo es la tapadera de un horno gigante.

HIPOCOMISO — ¿El cielo es la tapadera de un horno?

ESTREPSÍADES — No, es un ejemplo para que entiendas que esa gente, hablando, pueden convencerte de lo que quieran y después, también de todo lo contrario. De ellos puedes aprender unas argucias verbales con las que podrás ganar cualquier disputa aunque no lleves la razón.

HIPOCOMISO — ¿En esa casita no es donde viven ese charlatán desgraciado de Sócrates y su discípulo Querefonte?

ESTREPSÍADES   Exacto. Ellos son los maestros del lugar.

HIPOCOMISO   ¿Maestros? Si con esas túnicas tan raídas que llevan parecen unos fantasmones. No... ¡Yo no me hago pensador ni aunque baje ahora mismo el dios Dionisio y me emborrache hasta perder la razón!

ESTREPSÍADES   Hijo mío de mi alma, por Atenea, diosa de la sabiduría, te lo suplico, obedéceme y ve a que te enseñen.

HIPOCOMISO   ¿Y qué quieres que aprenda?

ESTREPSÍADES   A razonar. En el pensadero enseñan sus artes dos maestros: el Razonamiento bueno y el Razonamiento malo. El bueno enseña a ganar los pleitos por la empatía, el sentido común, la conciliación... Y el malo, que es el que a nosotros nos interesa, enseña a ganarlos sea como sea y punto.

HIPOCOMISO   No sé si lo acabo de entender.

ESTREPSÍADES   Hipocomiso, hijo, si quieres seguir jugando a caballitos, tienes que aprender las artes del Razonamiento malo y así yo podré librarme de todas mis deudas.

HIPOCOMISO   No sé... No me veo yo llevando esas túnicas tan cutres.

ESTREPSÍADES   (*Al cielo.*) Oh, Hera, diosa de la familia, ¿Qué he hecho yo para merecer un hijo como este?

HIPOCCMISO   ¿Puedo volver a la cama?

ESTREPSÍADES   ¡Vete a donde te dé la gana: a freír espárragos, al cuerno o a la mierda! Mira, ahí no me voy a meter, te dejo elegir lo que prefieras.

HIPOCOMISO   Pues vale.

(HIPOCOMISO *sale de escena.*)

ESTREPSÍADES   ¡Oh, qué largos se hacen los hijos! (ULTIMÁTUM *pide un oh! al público.*) ¿Y ahora qué hago? ¡Ya lo sé! Me encomendaré a los dioses y yo mismo iré al pensadero para que me enseñen. (*Va al pensadero pero se detiene dubitativo.*) Pero a ver, a mí, con lo viejo, lo olvidadizo y lo burro que soy, ¿cómo me van a entrar en la mollera todos esos argumentos tan importantes? (*Vuelve a su casa.*) A veces se me ocurre cada cosa... (*Vuelve a pararse.*) Pero... ¿y qué pierdo con probarlo? ¡Nada, porque, desde luego, peor no me pueden ir las cosas! (*Va al pensadero. Se para.*) ¿Y si acabo haciendo el más espantoso de los ridículos...? No, mejor no voy... (*Vuelve a su casa, se para.*) Claro que la otra opción es perder todos los pleitos, arruinarme y acabar viviendo en la calle...

No, prefiero arriesgarme a hacer el ridículo. (*Va al pensadero. Se para.*) Ahora que... hacer el ridículo podría acabar con mi reputación, y una vez muerto se me recordaría más por lo burro que era que por las infinitas deudas que tenía. (*Vuelve a su casa, se para, y regresa al pensadero.*) ¿Pero qué hago perdiendo el tiempo buscándome problemas inexistentes cuando debería estar aporreando esa puerta? (*Golpea la puerta del pensadero.*) ¡Hola! ¿Hay alguien? ¡Sócrates, Sócrates!

Escena 4
Casa Sócrates

>
> *Se abre la puerta de la casa de* SÓCRATES *y la fachada se transforma en el interior del edificio. Hay una mesa con instrumentos técnicos.*

QUEREFONTE (*Abriendo la puerta.*) ¿Pero qué es este escándalo? ¿Quién se atreve a llamar así?

ESTREPSÍADES Vuestro vecino.

QUEREFONTE ¿Y era necesario aporrear la puerta como un energúmeno?

ESTREPSÍADES Perdona, es que soy de campo. Señor...

QUEREFONTE Querefonte. Estábamos a punto de tener una idea sublime, magistral, y por tu culpa se nos ha esfumado.

ESTREPSÍADES ¡Vaya! Lo siento. ¿Y de qué iba?

QUEREFONTE No compartimos las ideas con los no iniciados.

ESTREPSÍADES Bueno, en ese caso, puedes compartirla conmigo porque yo, si algo soy, es iniciado.

QUEREFONTE ¿Tú iniciado? ¿Iniciado en qué?

ESTREPSÍADES Hace apenas cinco minutos inicié el camino desde mi casa hasta vuestra puerta.

QUEREFONTE Me refería a que nuestras ideas solo las compartimos con nuestros discípulos.

ESTREPSÍADES ¡Ah! Pues entonces dímela con toda confianza porque, aquí donde me ves, he venido a matricularme como discípulo.

QUEREFONTE Entonces te la diré pero estas cosas hay que considerarlas como misterios...

ESTREPSÍADES Seré una tumba.

QUEREFONTE Hace un rato, Sócrates, viendo que una pulga saltaba de mi ceja a su nariz, se preguntó cómo podría calcularse la longitud de dicho salto en pies de pulga.

ESTREPSÍADES ¡Caramba! A mí nunca se me habría ocurrido preguntarme cuánto mide el salto de una pulga.

QUEREFONTE Esa es la diferencia entre Sócrates y un hombre corriente como tú: los sabios saben encontrar preguntas para respuestas que nadie se ha planteado.

ESTREPSÍADES Ya... ¿Y cómo consiguió medirlo?

QUEREFONTE	De una forma muy astuta: cogió a la pulga y le sumergió los dos pies en cera fundida. Cuando la cera se enfrió se habían formado unas zapatillas en los pies, se las quitó y con ellas íbamos a empezar a medir la distancia entre mi ceja y su nariz cuando, de repente, has empezado a aporrear la puerta.
ESTREPSÍADES	¡Zeus soberano! ¡Eso sí que es saber pensar!
QUEREFONTE	¡Pues eso no es nada! Anoche no teníamos nada de cena... ¿Y cómo se las ingenió para alimentaros?
ESTREPSÍADES	No sé...
QUEREFONTE	Espolvoreó la mesa con una capa fina de ceniza, (*Sí.*) curvó un asador, (*Sí.*) lo usó como compás (*Sí.*) y nos dijo que calculásemos el ángulo contrario de la inversión inversa al ángulo opuesto del antagónico... (*Caramba.*) Y mientras lo hacíamos, que no era fácil, (*No, no.*) fue al gimnasio, robó un manto, lo vendió y con lo que sacó, compró unos garbanzos.

(*Entran en escena unos discípulos.*)

ESTREPSÍADES	¡Pero este hombre es un portento! ¿Y esos de ahí? ¿Son discípulos...?

Querefonte	Lo son. A esta hora salen un ratito al patio.
Estrepsíades	¿Y por qué razón andan mirando al suelo?
Querefonte	Pues porque no hay mejor manera de investigar lo que hay bajo tierra.
Estrepsíades	O sea, que buscan cebollas. (*A ellos.*) ¡Eh, dejad de buscar, que yo os diré dónde las encontraréis grandes y hermosas! ¡Y ese de ahí que va a cuatro patas?
Querefonte	Ese escruta las tinieblas infernales de la geología.
Estrepsíades	Ya... ¿Y tiene que hacerlo con el culo en pompa?
Querefonte	Bueno, es que por su cuenta también estudia astronomía.
Estrepsíades	(*Señalando el trasero.*) ¿Con él...?
Querefonte	Cada maestrillo tiene su librillo.
	(**Estrepsíades** *se fija en la mesa con instrumentos.*)
Estrepsíades	¿Y todas estas cosas, para qué son?
Querefonte	(*Palmada.*) Para el estudio de la astronomía, de la geometría.

ESTREPSÍADES   Anda... ¿Y esto... para qué sirve?

QUEREFONTE   (*Palmada.*) Para medir la tierra.

ESTREPSÍADES   ¿Para venderla en parcelas?

QUEREFONTE   No, la tierra en general, toda la tierra.

ESTREPSÍADES   ¡Caramba! (*Coge un globo.*) ¿Y esto?

(*Auto palmada.*)

QUEREFONTE   Esto es un mapa de toda la tierra. ¿Ves? Aquí está Atenas.

ESTREPSÍADES   ¿Esto de aquí? No sabía que Atenas fuese de color naranja...

(*Aparece* SÓCRATES *montado en una escalera empujada por técnicos.*)

ESTREPSÍADES   ¡Por Zeus! ¿Quién es ese colgado?

QUEREFONTE   Sócrates.

(ULTIMÁTUM *pide un* !Oh! *al público.*)

Escena 5
Calle

ESTREPSÍADES	¡Sócrates!
SÓCRATES	¿Por qué llamas a Sócrates, efímera criatura?
ESTREPSÍADES	Para poder hablar con él pero... pero... ¿Qué estás haciendo?
SÓCRATES	Desairar a la gravedad de la tierra caminando por el aire en busca del conocimiento celeste.
ESTREPSÍADES	Ya... ¿Y no temes que Gea, la madre tierra, airada por tu desaire, te envíe a tomar viento?
SÓCRATES	Quien ha nacido para desentrañar los misterios del universo, no teme a nada, salvo a poner los pies en el suelo, porque no hay elemento más nocivo para la inteligencia que la humedad. Con los berros, pasa lo mismo.
ESTREPSÍADES	¿Cómo? ¿Los berros no son inteligentes porque los regamos?
QUEREFONTE	Los berros son a la tierra lo que el cosmos es a...

ESTREPSÍADES   ¿El cosmos?

QUEREFONTE   Da lo mismo. Ha venido para que le enseñemos cosas.

SÓCRATES   ¿Qué cosas? Porque, si se trata de enseñar,
soy un pozo sin fondo. ¿Quieres aprender
el arte de la cosmogonía, de la oratoria, de
la dialéctica? ¿Quieres ser capaz de argumentar solemnemente? ¿Quieres...? ¿Qué
quieres?

ESTREPSÍADES   Quiero librarme de todas las denuncias que
me han puesto para que no me embarguen
todos mis bienes.

QUEREFONTE   ¿Todos tus bienes? Pero... ¿Y eso cómo puede ser?

SÓCRATES   ¿Acaso no te diste cuenta de que te estabas
endeudando hasta las cejas?

ESTREPSÍADES   Sí, pero uno siempre cree que Tique, la diosa fortuna le sonreirá, pero la fortuna no
te sonríe, y tú le das otra oportunidad, y
tampoco, pero te dices «estará repartiendo fortuna a gente más necesitada que tú»,
y esperas a que llegue el día en el que la
fortuna te sonría y bueno...¡yo qué sé! Las
explicaciones no solucionarán el problema que tengo. Os lo suplico, enseñadme a
razonar y os juro por todos los dioses que
os pagaré lo que me pidáis.

SÓCRATES	¿Qué es eso de jurar por los dioses? Para empezar, los dioses no son moneda de curso legal entre nosotros.
ESTREPSÍADES	¿Ah, no?
QUEREFONTE	No.
ESTREPSÍADES	Pues decidme por quien queréis que os lo jure y yo os lo juro.
SÓCRATES	Querefonte, procede, por favor.
QUEREFONTE	¿Quieres conocer exactamente la naturaleza de aquello que llamamos lo divino?
ESTREPSÍADES	¡Sí!

(*Sale* QUEREFONTE.)

SÓCRATES	¿Quieres dialogar con las Nubes, nuestras excelsas divinidades?
ESTREPSÍADES	Sí, sí.

(*Entra* QUEREFONTE *con jergon y corona.*)

SÓCRATES	Pues siéntate en el jergón sagrado.
ESTREPSÍADES	¿Esto...?
SÓCRATES	Y ponte la corona.

ESTREPSÍADES   ¿La corona no se les pone a los que van a ser sacrificados?

QUEREFONTE   También, pero en nuestra academia es un símbolo iniciático.

ESTREPSÍADES   Pues como inicio no sé si me gusta...

SÓCRATES   Pero ya verás, llegado el final, serás un orador tan locuaz y expresivo como unas castañuelas, un orador tan sutil como la harina más fina.

                (*Le espolvorea harina.*)

ESTREPSÍADES   ¡Por Zeus, sois realmente sabios o sois harina de otro costal?

SÓCRATES   ¡Oh!

QUEREFONTE   ¡Oh!

SÓCRATES   ¡Oh, cielo!

QUEREFONTE   ¡Oh, rey soberano!

SÓCRATES   !Oh, Éter refulgente!

QUEREFONTE   ¡Oh, Aire inconmensurable!

SÓCRATES   ¡Oh, atronadoras y veneradas Nubes Celestiales! ¡Bajad, os lo suplicamos, bajad y mostraos ante...!(*A* ESTREPSÍADES.) ¿Cómo te llamas?

ESTREPSÍADES   Estrepsíades.

QUEREFONTE   ¿Estrepsíades?

ESTREPSÍADES   Sí...

SÓCRATES   ¿De los Estrepsíades que fabrican esos caramelitos de hierbas que son tan buenos para la garganta, los Strepsil?

ESTREPSÍADES   Sí, era el negocio familiar, como somos de campo conocemos todas las hierbas, pero tuve que vender la fábrica para pagar las deudas acumuladas por el maldito caballo de mi hijo.

QUEREFONTE   Vaya, sí que lo siento...

SÓCRATES   Sí, cuando un hijo cae en la droga...

ESTREPSÍADES   No, caballo de animal, aunque mi hijo también es un animal. ¿Podemos seguir con el sacrificio que tengo prisa por aprender?

SÓCRATES   Sí, venga. Oh...

QUEREFONTE   ¡Oh, muy venerables Nubes omnipotentes!

SÓCRATES   ¡Acudid desde las sagradas cimas del Olimpo!

QUEREFONTE ¡Acudid desde los cristalinos jardines oceánicos!

SÓCRATES ¡Acudid desde las mismas áureas bocas del Nilo y responded a los cánticos de nuestra llamada! (*A lo lejos se oye el canto del* CORO. QUEREFONTE *señala al público para que diga* «*Oh*». *Empiezan a oirse truenos.*) ¿Las oyes?

ESTREPSÍADES Sí, y las adoro por lo muy venerables que son, pero los truenos me asustan y a mi cuerpo, que tiembla de miedo, solo se le ocurre responderles de la misma manera: con pedorretas, tantas, que si es lícito, ahora mismo voy a ponerme a cagar, y si no es lícito, también.

(*Entra la* EMPRESARIA.)

EMPRESARIA Ultimátum.

ULTIMÁTUM Señora.

EMPRESARIA ¿Otra vez con lo mismo...?

ULTIMÁTUM Sí, pero no. Es que aquí hay una réplica muy buena que hace una crítica feroz al uso de la escatología.

EMPRESARIA No te inventes palabras...

ULTIMÁTUM A los pedos, una crítica feroz a los pedos. Ya verá. (*Indica que sigan.*) «Y si no es lícito...»

ESTREPSÍADES   ...también.

SÓCRATES   Déjate de bromas y no hagas como esos poetastros graciosillos que creen que un buen pedo resuelve cualquier trama fallida.

(*La* EMPRESARIA *da su beneplácito y se sienta.* ULTIMÁTUM *hace un gesto para que el* CORO *cante.*)

CORO DE NUBES
       Oh cielo protector, oh gran dios.
       ¿Qué quieres de las nubes, nuestro gran señor?
       Solo dinos qué, qué hay que hacer
       Y solucionaremos cualquier menester

(ULTIMATUM *señala al público para que diga* «*Oh!*».)

ESTREPSÍADES   ¡Por Zeus! ¿Y esos cantos tan solemnes! ¿Son heroínas o una cosa así?

SÓCRATES   Son las Nubes celestiales. Ellas nos facilitan el pensamiento, la dialéctica y todos esos juegos de palabra con los que desconcertamos a los auditorios.

ESTREPSÍADES   Ahora entiendo por qué, al oírlas, mi alma ya desea aprender a hablar sutilmente sobre el arte moderno o los efectos del vino en el retropaladar. Quiero aprender a rebatir sentencias, opiniones, veredictos. Quiero tener siempre la razón como esos

cuñados sabelotodo. ¿Por dónde vienen?
Que ya quiero conocerlas.

QUEREFONTE   Por allí entran con todo su esplendor.

ESTREPSÍADES   ¿Por allí dónde?

SÓCRATES   Míralas cómo descienden desde el monte
Parnés.

ESTREPSÍADES   ¿El monte Parnés? Señálamelo.

QUEREFONTE   Por ahí, junto al «aditus».

ESTREPSÍADES   ¿Aditus? ¿Qué narices es el aditus?

QUEREFONTE   La entrada lateral.

ESTREPSÍADES   ¿Lateral de qué lado?

SÓCRATES   Derecho.

ESTREPSÍADES   ¿Nuestro derecho o el del público?

(*Por el patio de butacas entra un* CORO *de
cuatro hombres barbudos encabezados por*
ULTIMÁTUM.)

SÓCRATES   El nuestro hombre. ¿Qué nos importa el
derecho del público? ¡Son esclavos! ¿Qué
te pasa en los ojos? ¿Tienes legañas como
calabazas?

Estrepsíades	¡En los ojos tengo la harina que me habéis tirado!
Sócrates	¡¡Quieres mirar bien!!!
Estrepsíades	Por Zeus, sí, ya empiezo a verlas. Pero... ¿Son diosas?
Querefonte	¡Las más grandes! ¿Qué pasa?
Estrepsíades	No sé, yo pensaba que las nubes eran una mezcla de niebla, rocío y vapor.
Sócrates	¡Por la madre Tierra! ¡Son diosas! ¡Nubes celestiales!
Estrepsíades	Y dime una cosa, siendo nubes, ¿por qué no son esponjosas como copos de lana? ¿Por qué parecen mujeres mortales? ¡Por Zeus! Si estas tienen hasta nariz...

(*Entra la* Empresaria, *y viendo el revuelo,* Hipocomiso.)

Empresaria	Ultimátum.
Ultimátum	Señora.
Empresaria	¿Cómo se llama esta función?
Ultimátum	Las Nubes. Las comedias griegas siempre toman el nombre de los integrantes del coro.

EMPRESARIA	Y las Nubes, tal como dice el texto, son mujeres, ¿verdad que sí?
ULTIMÁTUM	Sí, sí, mujeres.
EMPRESARIA	Ya... ¿Y por qué las interpretan hombres?
ULTIMÁTUM	Bueno, es la tradición.
EMPRESARIA	¿Qué tradición?
QUEREFONTE	En el teatro las mujeres siempre son interpretadas por hombres.
EMPRESARIA	Pues vamos a dejarnos de tradiciones y a empezar a cambiar las cosas que ya estamos en pleno siglo uno.
ULTIMÁTUM	Pero...
EMPRESARIA	Pero nada.
SÓCRATES	Perdón.
EMPRESARIA	¿Las mujeres que cantaban dónde están?
ULTIMÁTUM	En el sótano.
EMPRESARIA	¿En el sótano?
QUEREFONTE	Sí, es increíble que se las oiga tan bien, ¿verdad? Es que he diseñado unos conductos que transfieren las ondas sonoras a través...

ULTIMÁTUM   Sí, después nos lo explicas. Perdonadle, es arquitecto...

EMPRESARIA   Que vengan esas mujeres y que hagan de nubes.

(HIPOCOMISO *sale a buscarlas.*)

SÓCRATES   Perdón.

EMPRESARIA   ¡Hacer las nubes con hombres! Si hubiesen llevado máscaras no me habría dado cuenta. ¿Por qué el coro no lleva máscaras?

ULTIMÁTUM   He querido hacer un montaje más moderno.

EMPRESARIA   Pues te ha salido mal... (*Al* CORO.) Ya os podéis ir. ¡Venga, aire! Y mira, ya puestos, que el público deje de hacer de coro porque tal como lo hacen...

ULTIMÁTUM   Bueno, es que apenas han ensayado. A ver, una prueba más... (*El público dice «Oh».*) ¿Ahora no ha estado mal, no?

QUEREFONTE   A mí me ha parecido estupendo.

SÓCRATES   (*Desde las alturas.*) Perdón... perdón...

EMPRESARIA   (*Buscando.*) ¿Quién habla?

SÓCRATES   Yo, Sócrates.

ULTIMÁTUM   ¿Qué te pasa?

SÓCRATES   ¿Puedo continuar la escena desde el suelo?

ULTIMÁTUM   ¿Por qué?

SÓCRATES   Porque ya no puedo estar más aquí arriba,
                 se me está clavando el peldaño en los...

ULTIMÁTUM   Si no queda nada para acabar la escena.

SÓCRATES   Ya pero es que tengo los...

ULTIMÁTUM   Que baje.

ESTREPSÍADES   Y ya puestos, esta corona se me clava.

ULTIMÁTUM   Y fuera la corona.

EMPRESARIA   ¿Este artefacto cuanto ha costado?

QUEREFONTE   De momento nada, es una escalera de la
                 obra de aquí al lado que está paralizada
                 porque han encontrado un yacimiento
                 prehistórico...

                 (*Ha llegado el* CORO *femenino.*)

Escena 6
Calle

CORO 1	Hola, ¿qué hay que hacer?
EMPRESARIA	De coro, hacéis de coro.
CORO 2	¿El coro no son veinticuatro?
ULTIMÁTUM	Sí, pero esto es un ensayo improvisado. Venga, seguimos...
CORO 2	A nosotras solo nos han contratado para hacer de coro en las catacumbas.
ULTIMÁTUM	Ya, bueno. Después lo hablamos.
CORO 1	Después lo hablamos, pero que quede claro que cantar dando la cara es otro precio.
ULTIMÁTUM	Bueno, de momento esto es un ensayo de una función que ni siquiera sabemos si se va a hacer. Venga: seguimos.
ESTREPSÍADES	¿Por dónde iba?
EMPRESARIA	¿Por qué parecen mujeres mortales?

ESTREPSÍADES   Sí. ¿Por qué parecen mujeres mortales? ¡Por Zeus! Si estas tienen hasta nariz y, concretamente la de la derecha, narizota.

SÓCRATES   A ver, Estrepsíades, contéstame a una pregunta.

ESTREPSÍADES   Lo que quieras, pregúntame lo que quieras.

SÓCRATES   ¿Acaso no has visto nunca una nube con forma de centauro, o de leopardo o de lobo?

ESTREPSÍADES   Sí, claro, ¿y qué?

QUEREFONTE   Que las nubes cambian de forma según lo que convenga: si ven a un navegante, adoptan la forma de un velero, si ven a un pastor, la de una oveja.

ESTREPSÍADES   ¿Y si ven a un político corrupto, qué hacen?

SÓCRATES   Se convierten en hienas. (SÓCRATES y QUEREFONTE *ríen*.) ¿No les vas a decir nada o qué?

ESTREPSÍADES   Sí, claro... eehhh (*Al* CORO.) ¡Bienvenidas... señoras!

SÓCRATES   ¿Ya está...?

ESTREPSÍADES   Sí. (*Ante la mirada.*) ¿Algo más? ¿Les digo algo más? Bienvenidas reinas todopoderosas, emitid vuestra voz, tan descomunal como el propio cielo, para este humilde mortal.

CORO DE NUBES ¡Salud, anciano cargado de años, cazador de palabras artísticas! (*A* SÓCRATES.) Y también salud a vosotros, sacerdotes de las naderías más sutiles. ¿Qué es lo que necesitáis de nosotras?

ESTREPSÍADES ¡Por Zeus, qué voces tan sagradas y portentosas!

QUEREFONTE Porque estas son, verdaderamente, «las» diosas.

SÓCRATES Las únicas, todo lo demás son sucedáneos baratos comprados en cualquier comercio oriental de todo a un dracma.

ESTREPSÍADES ¿¿Sucedáneos?? ¿Cómo va a ser eso? ¿Y Zeus? ¿Zeus Olímpico no es un dios?

SÓCRATES ¿Zeus? ¡Por favor! ¡Si Zeus ni siquiera existe!

ESTREPSÍADES ¿Pero qué me estás contando? ¿Y entonces quién hace que llueva? Esto es lo primero que quiero aprender.

QUEREFONTE ¡Las nubes, claro! ¿Has visto alguna vez que llueva sin nubes?

ESTREPSÍADES ¿Sin nubes...? No, yo diría que no...

SÓCRATES ¡Pues ahí tienes una prueba concluyente! Si Zeus mandase sobre la lluvia, podría llover con el cielo despejado.

ESTREPSÍADES   Es verdad. ¡Y yo que creía que llovía porque Zeus meaba a través de un colador...!

CORO DE NUBES   Pues no.

ESTREPSÍADES   ¿Y los truenos? ¿Quién produce esos truenos que me hacen temblar de miedo?

SÓCRATES   Pues las mismas nubes.

ESTREPSÍADES   Sí, pero ¿cómo?

CORIFEO   Cuando estamos cargadas de agua, el peso nos impulsa hacia abajo por lo que chocamos unas con otras con gran estrépito.

ESTREPSÍADES   Ya, pero el que os obliga a moveros así es Zeus, ¿no?

CORIFEO   ¡Qué va! Son los torbellinos etéreos.

ESTREPSÍADES   ¿Torbellinos? ¿Ahora resulta que Zeus no existe y que en su lugar reinan unos torbellinos que son la causa de los truenos?

SÓCRATES   ¡Así son las cosas!

ESTREPSÍADES   Pero, vamos a ver Sócrates, ¿cómo quieres que me trague eso?

SÓCRATES   ¡Porque lo digo yo, pedazo de ani...!

QUEREFONTE   ¡Sócrates, Sócrates, Sócrates..! Déjame a mí,
             que yo se lo explico. A ver, Estrepsíades...
             Estrepsíades, Estrepsíades...(*Sí.*) ¿A ti te
             gusta ir a las fiestas mayores? (*Sí.*) ¿Y segu-
             ro que te hartas de sopa de carne, no? (*Sí.*)
             ¿Y después, a que se te retuercen las tripas?

ESTREPSÍADES   Sí, claro...

QUEREFONTE   ¿Y verdad que protestan rugiendo como si
             en ellas viviese un monstruo marino?

ESTREPSÍADES   Sí, sí... primero empiezan flojito, «papax,
             papax». Después más fuerte, «papapapax».
             Y ya, cuando cago, suena talmente como
             un trueno, ¡¡¡paratrapasxpapax!!!

             (*Se levanta la* EMPRESARIA. ULTIMÁTUM *se
             disculpa.*)

SÓCRATES   Pues si de ese vientre tan pequeño salen
           unos pedos tan grandes, ¿cómo no va a ser
           natural que del aire, que es infinito, salgan
           esos truenos descomunales? (ESTREPSÍADES
           se queda dubitativo.) ¿Tienes más dudas?

ESTREPSÍADES   Sí, es una tontería... Los rayos, con ese fue-
             go tan brillante que tienen...

SÓCRATES   ¿Qué les pasa a los rayos?

ESTREPSÍADES   A los rayos sí que los envía Zeus contra los
             perjuros, ¿no?

SÓCRATES	¡No, tampoco! Si Zeus se dedicase a enviar rayos contra los perjuros, ya no quedaría vida humana en la tierra!
ESTREPSÍADES	Pero entonces, el rayo, ¿qué es exactamente?
CORIFEO	El rayo...
QUEREFONTE	¿Tú no tenías prisa por aprender y todo eso?
ESTREPSÍADES	Sí, sí, mucha prisa.
SÓCRATES	Pues no perdamos más tiempo, señoras, aquí tenéis a un mortal pidiéndoos ayuda...
ULTIMÁTUM	¡Oh, humano, que deseas de nosotras la elevada sabiduría!
CORO 1	Si en tu alma reside la fortaleza.
CORO 2	Si sabes usar sabiamente la cabeza.
CORO 1	Si no te fatiga el estar de pie o caminar.
CORO 2	Si no te incomoda pasar frío o ayunar.
ULTIMÁTUM	Si consideras que el hombre inteligente es aquel capaz de convertir la oratoria en un arma letal.
LOS TRES	¡Serás muy dichoso entre los atenienses!

(ULTIMÁTUM *da la señal para que entre la música.*)

CORIFEO   Yo soy la gran nubarrona.
            La gran nubarrona, la gran nubarrona
                a su disposición.

TODOS   A su disposición.

CORIFEO   Tenemos muchos poderes,
            grandes poderes, súper poderes
                de gran precisión.

TODOS   De gran gran precisión.

CORIFEO   Cualquier cosa que pidas,
                se te concederá.
            Pues somos muy conocidas,
            muy conocidas, muy conocidas
            en el más allá, el mucho más allá.

CORIFEO   Muy conocidas, muy conocidas
                en el más allá

SÓCRATES   Yo soy un gran polemista.
                Un gran sofista,
            filosofista con o sin razón.

TODOS   Vaya sinrazón.

ESTREPSÍADES   Yo soy un gran comerciante.
            Muy importante, muy negociante.
                Con un problemón.

TODOS   Un proble, problemón.

SÓCRATES   Le urge a vida o muerte
                  aprender a razonar.
               Por eso os he convocado.
            Os he convocado, os he convocado.
            Por si le podéis, le podéis ayudar.

TODOS   Él nos ha convocado para ayudar.

QUEREFONTE   También yo soy polemista.
               Y un gran sofista, filosofista.
                  Con o sin razón.

TODOS   Vaya desazón.

QUEREFONTE   El caso es que este hombre,
            es que este hombre, es que este hombre
                  es un tontorrón.

TODOS   Es todo un tontorrón.

QUEREFONTE   Por eso invocamos a la ciencia celestial.
               Por ver si este ignorante,
                este liante, este tunante,
            puede al fin ganar a un tribunal.

TODOS   Este ignorante, este ignorante,
                  gana a un tribunal.

CORIFEO
/NUBES

Haremos lo que podamos,
lo que podamos, lo que podamos
siempre hay solución.

TODOS   A ver qué solución.

CORIFEO   El don que te concedemos.
Te concedemos, te concedemos.
Es el respondón.

TODOS   El don del respondón.

CORIFEO   Podrás ganar tus pleitos con el don de ra-
zonar.
Serás por fin polemista.
Un gran sofista, filosofista.
Con o sin razón, con o sin razón.

TODOS   Un gran sofista, filosofista.
Con o sin razón, con o sin razón.

ESTREPSÍADES   ¿Ya está?

QUEREFONTE   Sí, ya está. ¿Qué pasa ahora?

ESTREPSÍADES   No sé, siendo cosa de diosas...

SÓCRATES   ¿Qué?

ESTREPSÍADES   Pues que me imaginaba que habría más, no sé, cosas de diosas...

CORIFEO   Pues no, esto es lo que hay. A ver, ¿aceptas no venerar a otros dioses que no sean el Vacío que nos rodea, las Nubes y la Lengua? ¿Sí o no?

ESTREPSÍADES   No solo acepto venerarlos sino que, a los otros, si me los cruzo por la calle no pienso ni mirarlos. Ni mirarlos, ni ofrecerles sacrificios, ni nada de nada.

CORIFEO   Pues si aceptas venerarnos, conseguirás todo lo que te propongas. Dinos.

ESTREPSÍADES   Estrepsíades.

CORIFEO
/CORO   Dinos Estrepsíades... ¿¿Estrepsíades??

CORIFEO   ¿De los Estrepsíades de los caramelitos de hierbas, los Strepsil?

ESTREPSÍADES   Sí, sí... ¿Qué queréis que os diga?

CORIFEO
/CORO   Dinos Estrepsíades, sin miedo, qué hemos de hacer por ti.

ESTREPSÍADES   No, yo lo que quiero, esencialmente, es poner a la justicia de mi lado para librarme de mis acreedores.

CORIFEO   Eso para nosotras es *peccata minuta*. Ponte sin temor en manos de nuestros ministros.

ESTREPSÍADES   Así lo haré, pues la necesidad me apremia. Entregaré a vuestros ministros este cuerpo mío para que hagan con él lo que quieran: pueden golpearlo, hacerle pasar hambre, sed, frío o convertirlo en odre; lo que quieran, siempre, claro, que yo me vea libre de mis deudas, y los demás me vean como un orador consumado, un experto en pleitos, un ser osado, un caradura, un farsante repugnante; un zorro torticero, un sinvergüenza retorcido, un código de leyes con patas o, simplemente, un hijo de perra al que no se le escapa nada.

CORIFEO
/CORO   ¿Ya está?

ESTREPSÍADES   Sí... ¿farsante repugnante ya lo he dicho?

CORIFEO
/CORO   Sí.

ESTREPSÍADES   Pues entonces nada más.

CORIFEO   Ahora os toca a vosotros, ministros celestiales, impartir a este viejo vuestras sabias enseñanzas; agitando su mente como solo vosotros sabéis. (*A* SÓCRATES.) Suerte.

(*Las* NUBES *se colocan en las columnas del centro del escenario.*)

SÓCRATES   A ver, Estrepsíades, (*Sí.*) vamos a hacerte unas preguntas para saber cómo hemos de enfocar tu aprendizaje. (*Sí.*) ¿Tienes buena memoria?

ESTREPSÍADES   ¿Cual era la pregunta? (SÓCRATES *lo fulmina con la mirada.*) Es broma, es broma...

SÓCRATES   (*A* QUEREFONTE.) No sé si es un ignorante, un merluzo o las dos cosas a la vez. (*A* ESTREPSÍADES.) Venga, entremos en la escuela. Dale tu toga a Querefonte.

ESTREPSÍADES   Mi toga, ¿Por qué?

QUEREFONTE   Son las normas de la escuela.

ESTREPSÍADES   (*Le da su toga.*) Muy bien. Esto... ¿En cuánto tiempo, más o menos, seré sabio?

SÓCRATES   ¿Cómo se come a un elefante?

ESTREPSÍADES   ¿Ya hemos empezado con las enseñanzas?

SÓCRATES   Sí.

ESTREPSÍADES   ¿Cómo se come a un elefante? No lo sé.

SÓCRATES   Pues mordisco a mordisco...

ESTREPSÍADES   No lo entiendo.

SÓCRATES   ¡Pasa! (*A* QUEREFONTE.) Me parece que este va a ser de los de la letra con sangre entra...

(*Entran en el pensadero.*)

Escena 7
Calle

CORO DE NUBES Este mortal lo tiene mal...

(*Entra la* EMPRESARIA. *Salen todos a ver.*)

EMPRESARIA Ultimátum.

ULTIMÁTUM Señora...

EMPRESARIA Esa música que se oye...

ULTIMÁTUM Sí, ¿qué le pasa?

EMPRESARIA ¿No es mucha música?

ULTIMÁTUM ¿Mucha?

(*Manda parar la música.*)

EMPRESARIA Sí. ¿La música en las comedias griegas no se hacía solo con una flauta?

ULTIMÁTUM Sí, pero, mi propuesta, más contemporánea, más moderna, sería incorporar más músicos.

EMPRESARIA ¿Más? ¿Serán esclavos, supongo?

Ultimátum	No, bueno, sí, porque les pagamos según el convenio, pero si no le parece bien, los quitamos. ¿Los quitamos?
Empresaria	Ya veremos. ¿Y se van a poner a cantar otra vez?
Ultimátum	Claro, estamos en la parábasis.
Empresaria	¿Y qué narices es la parábasis?
Ultimátum	Pues una pequeña pieza teatral, dentro de la propia comedia, en la que el coro y su jefe el corifeo, yo en este caso, hablan directamente al público de cosas que no tienen nada que ver con la propia obra, ya sabe, chismorreos, crítica social y cosas así. Canta el coro, recita el corifeo, canta el coro, recita el corifeo y canta el coro y recita el corifeo. Todas las obras griegas tiene una parábasis.
Empresaria	Todas menos la nuestra que en vez de Parábasis tendrá solo una Para, porque la parábasis entera no la vamos a hacer.
Ultimátum	Pero estamos haciendo teatro griego y el teatro griego tiene parábasis.
Empresaria	Sí, y también se sentaban en la tierra, en vez de en unos bancos que durarán toda la vida. El mundo evoluciona, Ultimátum, la gente ya está harta de cantitos y saltitos.

ULTIMÁTUM ¿Y si de momento lo dejamos como está y ya lo hablamos después?

EMPRESARIA No.

ULTIMÁTUM ¿Y una canción y un monólogo?

EMPRESARIA Pero muy cortitos.

(*Sale la* EMPRESARIA.)

CORIFEO Querido público, ha llegado el momento de que os exponga la verdad con toda franqueza. Esta comedia ha sido adaptada, o mejor dicho, completamente renovada, por uno de los escritores vivos más relevantes y con más talento de nuestras tierras. (*Gesto al público de* ¡*Oh!*.) Sí, lo sé, algunos de vosotros, gente inteligente, ya habréis reconocido mi singular estilo. Hoy os ofrecemos una obra de humor, el hermano pobre de cualquier manifestación artística, pero no es una comedia cualquiera, no. En esta no queremos haceros reír utilizando maquillajes exagerados, ni coreografías esperpénticas cuya única utilidad es disimular la pobreza de unos diálogos trasnochados, no. A nosotros no nos hacen falta truquitos baratos para hacer reír, eso tan difícil que los programadores de los grandes coliseos estatales relegan a teatros de segunda fila. Querido público, os digo una cosa, si disfrutáis de nuestra función, en tiempos futuros os tendrán por gente de muy buen juicio. ¡Música!

EMPRESARIA   Ultimátum.

ULTIMÁTUM   Señora...

EMPRESARIA   Dime una cosa, si las nubes son nubes y ya hemos quedado que son mujeres...

ULTIMÁTUM   Sí...

(Para la música.)

EMPRESARIA   ¿Por qué el jefe de las nubes es un hombre?

ULTIMÁTUM   Pues... ¿Lo dejamos de momento así y lo hablamos después? *(Viendo su mirada.)* No, lo cambiamos. Pues a ver quién puede hacer de corifeo.

EMPRESARIA   Yo misma.

ULTIMÁTUM   ¿Usted?

EMPRESARIA   Sí, lo hago yo y así, si tengo que decir más cosas, ya estoy en escena.

ULTIMÁTUM   Pero...

EMPRESARIA   ¿Pero qué?

ULTIMÁTUM   Pero nada. (*Le pasa el gorro.*) ¿Vamos a la canción? Es muy cortita, solo es para recordar al público de qué va la obra.

(*Señal de la música.*)

EMPRESARIA   ¿Y Sócrates? Hace tiempo que no sale.

ULTIMÁTUM   Después de la canción tiene una escena buenísima.

(*Entra* SÓCRATES *comiendo un bocadillo.*)

SÓCRATES   ¿Me habéis llamado? ¿pasa algo?

EMPRESARIA   No, nada, todo está muy bien.

ULTIMÁTUM   Perdón pero es que empieza la canción.

ULTIMÁTUM
/EMPRESARIA
/CORO   Este mortal lo tiene mal
          si quiere ser un sabio integral.
             Va a perder un dineral
        porque es más simple que un orinal.
    Esta historia, ya lo verán, solo puede acabar[fatal
            Pobre mortal, vaya patán.

Escena 8
Casa Sócrates

Cambio de decorado. Sócrates *y* Querefonte *miran como* Estrepsíades *arrastra
un colchón.*

Sócrates ¡Por Respiración, por Vacío, por Aire! Nunca había visto un hombre tan falto de recursos, tan olvidadizo y tan palurdo como
este. Cualquier cosa que intento enseñarle
la olvida antes de que llegue a aprenderla.
¿Qué, viene o no viene ese colchón?

Estrepsíades Viene pero con resistencia, porque las chinches no me dejan moverlo.

Querefonte ¡Venga deja de quejarte y presta atención
a tu maestro!

Sócrates A ver, de todas las cosas que nunca has
aprendido, ¿cúal quieres que te enseñemos
primero? ¿Las medidas, las palabras, los
ritmos...?

Estrepsíades Las medidas, desde luego, que el otro día
un comerciante de harina me estafó dos
metros.

SÓCRATES	Me refiero a las medidas poéticas. ¿Cuál consideras más hermosa, el trímetro o el tetrámetro?
ESTREPSÍADES	El tercio, sobre todo para las cervezas.
SÓCRATES	¡Hay que ver lo patán e imbécil que es!
ESTREPSÍADES	¡Que no, que no lo soy! Bueno, para las medidas puede que sí, pero es que son cosas que no necesito aprender.
QUEREFONTE	¿Y qué es lo que necesitas aprender?
ESTREPSÍADES	Lo de los argumentos, especialmente, el argumento injusto.
SÓCRATES	Para eso aún te queda mucho. A ver, sigamos. Qué cuadrúpedos son propiamente masculinos.
ESTREFSÍADES	Esto me lo sé muy bien porque soy de campo: el carnero, el macho cabrío, el toro, el perro y el ave.
SÓCRATES	¿Y los femeninos?
ESTREPSÍADES	La oveja, la cabra, la vaca, la perra y el ave.
QUEREFONTE	¿Y lo que llamas ave es un cuadrúpedo?
ESTREPSÍADES	¿El ave...? (*Calcula.*) No, no. El ave se me ha colado.

SÓCRATES Pero veo que al ave macho y al ave hembra les has llamado de la misma manera. ¿Ave y ave?

ESTREPSÍADES ¡Es verdad, por Poseidón, nunca había caído en esto! ¿Y cómo tengo que llamarlos ahora?

QUEREFONTE Pues a una, «Ava» y al otro, «avo».

ESTREPSÍADES ¿Ava y Avo? ¡«Avé» si me acuerdo! Mira, solo por esta enseñanza os llenaré de grano toda la habitación.

SÓCRATES ¡Lo ha vuelto a hacer!

ESTREPSÍADES ¿El qué?

SÓCRATES Cambiar los géneros. Has dicho «habitación» en masculino, cuando es claramente un femenino, la habitaciona.

ESTREPSÍADES ¿Qué me dices? ¿Hasta hoy he vivido llamando habitación a lo que es una habitaciona?

QUEREFONTE Y seguro que habrás hecho cosas peores.

ESTREPSÍADES ¿¿La habitaciona?? ¿De verdad?

SÓCRATES ¿Qué nombres de persona son femeninos y cuáles son masculinos?

ESTREPSÍADES   Pues los femeninos son... ¿Pero para qué necesito aprender estas cosas? Yo lo que necesito...

QUEREFONTE   Sí, no hace falta que nos lo repitas.

ESTREPSÍADES   Yo lo que quiero...

SÓCRATES   ¡Que te calles! Échate en tu colchón y medita sobre qué cosas quieres aprender.

ESTREPSÍADES   ¿Y no puedo meditar en otro sitio? En el suelo medito estupendamente.

SÓCRATES   ¡No! ¡Se medita en el colchón de meditar!

(*Sale.*)

ESTREPSÍADES   (*Echándose.*) ¡Ay, pobre de mí! ¡Las chinches me van a masacrar! ¿O se dice los chinchos y las chinchas según sean machos o hembras? ¡Ay! Seguro que dentro de unos siglos, se inventaran algo para no tener que estar distinguiendo los géneros. ¡Ay, ay, ay, ay!

CORIFEO   ¿Qué te pasa? ¿Qué te duele?

ESTREPSÍADES   ¡Todo! Esto no son chinches, son chinchetas, chinchetas que se empachan mientras yo la espicho.

CORIFEO   Venga va, no te quejes y medita como te han dicho.

ESTREPSÍADES ¿Que medite? Voy a meditar que me gustaría estar de cachondeo, en un chiringuito muy chulo con mis compinches, unos chalaos con cabeza de chorlito muy dicharacheros, pasándonoslo chachi con nuestras cháchara, chistes y chanzas. Descorchando champán, encharcándonos con ponches a troche y moche. A veces se nos va la chaveta, y como hechizados, entre chinchín y chinchín, nos hinchamos a chistorras, chorizos, churros, chirimoyas, salchichas, gazpacho con lechuga, chipirones, chuletones, enchilada con chicharrones, truchas, changurros, chacinas chinas chamuscadas sobre lecho de remolacha, chorros de chocos de los chicos, chuletas de choto con champiñones, cochinillo con achicoria, churrasco con chimichurri chorreado con chacolí, chocolatinas, chuches, chupa chups, bizcocho de pistacho con leche, patatas chip y de broche, chupitos de horchata. ¡Todo es una mierda!

(ULTIMÁTUM *pide un ¡Oh! al público.*)

CORIFEO Ultimátum...

ULTIMÁTUM Señora...

CORIFEO ¿Este truquito de las ce-haches no es de otra obra?

ULTIMÁTUM Sí, pero como la vio muy poca gente, he pensado en reciclarlo.

EMPRESARIA	O sea, que es un plagio.
ULTIMÁTUM	¡No!!! Es un concepto moderno, la inter-textualidad.
EMPRESARIA	No te inventes palabras. ¡Es un plagio!
ULTIMÁTUM	No, bueno, sí, un poco plagio sí que es, pero, vaya estamos en Roma, y en Roma todo es una copia de una copia que alguien copió de no se sabe quién...
EMPRESARIA	Ya pero...
ULTIMÁTUM	Lo anoto, lo anoto y lo hablamos después. ¿Seguimos?
ESTREPSÍADES	Chi. ¿Por dónde iba?
ULTIMÁTUM	¡Bueno, esto ya es demasiado, así no se puede venir a un ensayo!
ESTREPSÍADES	¿Achí cómo?
ULTIMÁTUM	¡Así, sin saberse el texto!
ESTREPSÍADES	¡Pero si me lo diste ayer!
ULTIMÁTUM	¿Y qué? ¿No me dijiste que te lo sabías porque lo habías hecho en una sala alternativa o yo qué sé dónde?

ESTREPSÍADES   Sí, pero hacíamos el texto de Aristófanes y no esto...

ULTIMÁTUM   ¿Esto qué?

ESTREPSÍADES   Esto que no se parece en nada al original.

ULTIMÁTUM   Ya he dicho antes, en la parábasis, que era una adaptación, pero claro, si no estamos atentos...

ESTREPSÍADES   ¡Todo es una mierda!

ULTIMÁTUM   ¿Todo es una mierda? Mira, a mí tú no me hablas así.

ESTREPSÍADES   No, mi texto, que ya me he acordado: «todo es una mierda».

ULTIMÁTUM   ¿¿Todo es una mierda??

ESTREPSÍADES   Sí, todo es una mierda, y habla la corifea.

CORIFEO   ¿Yo? Sí, a ver, pues...

CORO 1   (*Apuntándole.*) Va, Estrepsíades, medita como te han dicho.

CORIFEO   Eso, que medites como te han dicho.

ESTREPSÍADES   ¿Que medite? ¿En qué? ¿En que parezco una regadera de sangre?

CORIFEO   Venga, ahora no es momento de flaquear.

ESTREPSÍADES   Pues díselo a las chinches que me están de-
                   jando en los huesos. ¡Ay! ¡Ay!

                   (*Entran* SÓCRATES y QUEREFONTE.)

QUEREFONTE   ¿Qué pasa con tanto ay?

ESTREPSÍADES   ¡Ay!

SÓCRATES   ¿Qué haces que no estás meditando?

ESTREPSÍADES   Sí que estoy meditando. ¡Ay!

SÓCRATES   ¿En qué, si puede saberse?

ESTREPSÍADES   En si las chinches dejarán algo de mi cuer-
                   po para que haya un poquito de mí, algo
                   con lo que poder celebrar un entierro.

SÓCRATES   ¡Mira que es burro, por mí como si te
                   mueres!

ESTREFSÍADES   Pues mira, si no tienes prisa, es cuestión
                   de un ratito. ¡Ay! ¡Ay!

QUEREFONTE   (*Parando a* SÓCRATES.) Déjalo. Olvídate de
                   las chinches y concéntrate en tus pensa-
                   mientos. Si alguno te lleva a un punto
                   muerto, abandónalo y aléjate de él para re-
                   tomarlo más tarde sin prisas.

SÓCRATES   Porque soy filósofo, que si no, le rompía la cara...

ESTREPSÍADES   ¡Sócrates!

SÓCRATES   Venga, lárgate, lárgate que no pienso perder más tiempo enseñándote!

ESTREPSÍADES   ¡No, por Zeus, por las nubes, quiero decir! Enseñadme cosas, por favor.

SÓCRATES   ¡Pero si cualquier cosa que te enseñamos la olvidas antes de que acabes de aprenderla!

ESTREPSÍADES   ¡Que no!

SÓCRATES   ¿No? A ver, ¿qué fue lo primero que te enseñamos?

ESTREPSÍADES   ¿Lo primero que me enseñasteis.? Sí... ¿Qué fue? Espera, lo tengo en la punta de la lengua... ¿Lo podéis ver? ¿Qué era? ¿Algo de la humedad y los berros?

SÓCRATES   ¡Vete a freír espárragos, y de paso, llévate también los berros!

ESTREPSÍADES   ¡Sócrates!

SÓCRATES   No he visto burro más tonto y eso que he conocido a un montón de senadores.

ESTREPSÍADES   ¡Sócrates! (*A las nubes.*) ¡Nubes, por favor!
               ¿No podéis hacer algo? ¡Aconsejadme!

CORIFEO   ¿Un consejo? Pues a ver, un consejo...

CORO 2   ¿Se lo damos nosotras que nos sabemos la
               obra?

CORIFEO   Sí, claro, mejor...

CORO DE NUBES Pobre anciano...

ULTIMÁTUM   (*Entrando para dar la entonación.*) «Pobre
               anciano».

CORO DE NUBES ¿Qué?

ULTIMÁTUM   Con más sentimiento, «pobre anciano».

CORO   Pobre anciano. Podemos darte...

ULTIMÁTUM   No es un punto, es una coma. Pobre ancia-
               no, podemos darte...

CORO DE NUBES Pobre anciano, podemos darte un consejo.
               Viendo...

ULTIMÁTUM   Dos puntos.

CORO DE NUBES ¿Qué?

ULTIMÁTUM   Después de consejo hay dos puntos. Dar-
               te un consejo: «viendo...

CORIFEO	Ultimátum...
ULTIMÁTUM	Señora.
CORIFEO	¿Y si lo anotas y lo miramos luego?
ULTIMÁTUM	Sí, claro. Perdón, perdón.
CORO 1	Estábamos mejor solo cantando en el foso.
CORO 2	Desde luego.
ULTIMÁTUM	Esto sí que voy a anotarlo. ¿Seguimos?
CORO DE NUBES	Pobre anciano, si tuvieses un hijo ya crecido, podríamos darte un consejo.
ESTREPSÍADES	Sí lo tengo. Un hijo hecho y derecho.
CORO 1	Pues entonces viendo que eres... ¡Que eres como eres!
CORO 2	Lo mejor sería que lo pusieses a estudiar en tu lugar.
ESTREPSÍADES	Ya, pero el muy idiota se niega en redondo a aprender. Solo le interesan los caballos.
CORIFEO	¿Y tú se lo consientes?
ESTREPSÍADES	Yo no, pero como su madre, porque ha salido a su madre, se lo consiente. Yo no me veo con ánimo de obligarlo, sobre todo

porque es fuerte y robusto como un roble. Pero volveré a intentarlo y, si se niega, lo echaré de casa, no sé cómo, pero lo echaré. ¡Hipocomiso! ¡Hipocomiso! (*Gritando.*) ¡Sócrates, espérame que vuelvo enseguida! ¡Hipocomiso!

Escena 9
Calle

(ESTREPSÍADES *sale para su casa. Entran* SÓ-
CRATES *y* QUEREFONTE.)

CORO DE NUBES (*A* SÓCRATES. *Cantado.*)
Vaya manera de estafarlo.
Con promesas de todo a cien.
(De todo a cien.)
Vais a pagar por tanto engaño,
a pagar a base de bien.
(Pues que bien!)
Esta historia filosofal.
Entre un necio y un charlatán,
solo puede acabar fatal.

(*Entra* HIPOCOMISO *huyendo de* ESTREPSÍA-
DES. *Salen nubes.*)

ESTREPSÍADES ¡Venga, fuera, largo de casa!

HIPOCOMISO ¿Pero qué te pasa padre?

ESTREPSÍADES Que o estudias en el pensadero o no vuel-
ves a pisar esta casa.

HIPOCOMISO ¡Por Zeus Olímpico!

ESTREPSÍADES   ¿Por Zeus Olímpico? ¿A tu edad sigues cre-
                yendo en diosecitos? ¡Ja! ¡Mira que eres
                simplón!

HIPOCOMISO   ¿Qué es lo que te hace tanta gracia?

ESTREPSÍADES   Que ese Zeus por el que has jurado... ¡no
                existe!

HIPOCOMISO   ¿Que Zeus no existe???

ESTREPSÍADES   ¡No! Todo lo que ves, todo lo que nos pasa,
                está gobernado por la reina Torbellino.

HIPOCOMISO   ¿La reina torbellino? ¿Pero de dónde has
                sacado todas estas tonterías?

ESTREPSÍADES   De los mismísimos Sócrates y Querefonte,
                esos grandes ateos que tan bien conocen
                las pisadas de las pulgas.

HIPOCOMISO   ¿Sabes qué te digo? ¡Que estás aún más
                loco que ellos!

ESTREPSÍADES   Anda, calla la boca y no calumnies a hom-
                bres tan sabios y tan frugales, por ahorrar,
                nunca se cortan el pelo, ni van a los baños
                a untarse con aceite. Tú, en cambio, con
                tanto baño, no haces más que despilfarrar
                mi hacienda. ¡Venga, entra en el pensade-
                ro de una vez y aprende todo lo que mi ve-
                jez no me deja entender!

HIPOCOMISO	(*Va y vuelve.*) Pero, ¿qué se puede aprender de unos hombres como esos...?
ESTREPSÍADES	¿Me lo estás diciendo en serio? ¡Todo!
HIPOCOMISO	¿Todo qué?
ESTREPSÍADES	¡Todo, toda la sabiduría de la humanidad! Lo primero que se aprende es la de cosas que aún te quedan por aprender.
HIPOCOMISO	¿Y además de eso, que en tu caso es evidente, qué más cosas has aprendido?
ESTREPSÍADES	¡Pues cosas!
HIPOCOMISO	¿Cómo cuáles? ¡Venga, dime una sola cosa que hayas aprendido en ese tugurio de intelectuales de tres al cuarto!
ESTREPSÍADES	Pues muchas cosas pero, como los años no pasan en balde, la mitad se me han olvidado y del resto no me acuerdo.
HIPOCOMISO	¿Y tu capa, también la has olvidado o no recuerdas dónde la has dejado?
ESTREPSÍADES	La capa la he sacrificado en aras del saber.
HIPOCOMISO	Pero tú estás... ¿Qué te han hecho allí dentro?
ESTREPSÍADES	Nada, venga, tirapalante.

HIPOCOMISO   Esto no puede acabar bien...

ESTREPSÍADES   ¿Esto no puede acabar bien? ¡¡Hijos!!

(*Se dirigen hacia el pensadero.*)

Escena 10
Casa Sócrates

ESTREPSÍADES   ¡Sócrates! ¡Sócrates!

(*Entran en la casa.* SÓCRATES *va a caballito de* QUEREFONTE.)

SÓCRATES   ¿Pero es que ya nunca más podremos pensar tranquilos?

ESTREPSÍADES   Aquí os traigo a mi hijo. (*Desconcertado.*) Al principio no quería.

ULTIMÁTUM   ¡Calatravium!

CALATRAVIUM   Sí.

ULTIMÁTUM   ¿Esta escena no era con Sócrates encima de la escalera?

CALATRAVIUM   Sí, claro, pero no quiere subirse.

SÓCRATES   Es que, ya te lo dije, yo no soy el indicado para interpretar a Sócrates. Las alturas me marean y los peldaños me pillan los...

ULTIMÁTUM   Como te pille yo, sí que vas a echar de menos los peldaños.

SÓCRATES   Bueno, tampoco es para ponerse así... ¿no?

CALATRAVIUM ¿Seguimos? Porque yo no sé si voy a poder aguantar mucho más.

ULTIMÁTUM   Seguimos, seguimos... (*Pero no puede.*) ¿Tú no eres el que me decía, «Ultimátum, por favor, que no tengo trabajo, dame lo que sea, algún papelillo...»?

SÓCRATES   Sí, pero no de loro subido a una escalera. Si se trata de estar elevado para estudiar el firmamento, ir así es casi lo mismo.

CALATRAVIUM No, lo mismo no es.

EMPRESARIA   ¿Podemos solucionarlo ya, que he quedado con unas amigas?

ULTIMÁTUM   Sí, sí. Bájalo. Venga, vamos desde donde lo hemos dejado. ¿Y tú a dónde vas?

ESTREPSÍADES Yo decía: «¿y tú a dónde vas?»

ULTIMÁTUM   ¡No! ¡Tú, Calatravium! ¿A dónde vas?

QUEREFONTE   Es que en esta escena no salgo.

ULTIMÁTUM   Es verdad, venga, sigamos.

ESTREPSÍADES ¿Por dónde íbamos?

TODOS   ¡¡Aquí os traigo a mi hijo!!

Estrepsíades	Vale, vale... ¡Hay que ver lo listos y la buena memoria que tenéis todos! Aquí os traigo a mi hijo. Al principio no quería venir, pero ya sabes cómo soy, he acabado convenciéndolo.
Sócrates	Normal, aún es un crio y ya se sabe que los críos, por definición, son unos mantas.
Hipocomiso	¿Unos mantas? A ti sí que te voy a dar yo una buena somanta.
Estrepsíades	¿Pero cómo te atreves a hablarle así a tu maestro? Perdónale Sócrates, ¿podrás instruirlo, por favor?
Sócrates	¿Por favor?
Estrepsíades	Por favor pero pagando, claro. Ya verás, es muy espabilado, de pequeño siempre estaba haciendo cosas: casitas con arcilla, barquitos con corchos, con las cáscaras de las nueces hacía unos gusanitos monísimos...
Sócrates	¡Caramba! Parece todo un prodigio.
Estrepsíades	Sí. ¿Podrás enseñarle al menos lo de los dos argumentos?
Sócrates	Yo no, porque he de ausentarme, pero lo harán las dos argumentas.
Estrepsíades	Querrás decir los dos argumentos.

SÓCRATES   (*Saliendo.*) No, argumentas, pues son mujeres, voy a buscarlas.

Escena 11
Casa de Sócrates

ESTREPSÍADES   Bueno, como quieras, pero igual solo con la argumenta injusta... ya nos apañamos.

HIPOCOMISO   ¡Qué manera de perder el tiempo!

ESTREPSÍADES   ¡Calla! ¿Tienes algo mejor que hacer?

HIPOCOMISO   Sí, dormir.

(*La* ARGUMENTA MEJOR *entra en el pensadero.*)

ARGUMENTA MEJOR   (*A la* ARGUMENTA PEOR.) Venga, entra de una vez que tienes a todo el público esperando.

ARGUMENTA PEOR   (*Entrando.*) Entraré cuando me dé la gana, me sobra tiempo para acabar contigo.

A. MEJOR   ¿Tú, acabar conmigo?

A. PEOR   (*A* ESTREPSÍADES.) Hola, ¿Qué tal?

ESTREPSÍADES   Bien. ¿Tú quién eres?

A. MEJOR   La argumenta mala, la peor.

A. Peor	Exacto, la que te va a derrotar aunque vayas presumiendo de ser mejor que yo.
A. Mejor	¡Ja! Soy yo la que te va a destrozar. Tengo a la justicia de mi mano.
A. Peor	¿La justicia? La justicia no existe, idiota, y cuando quieras te lo demuestro.
A. Mejor	¡Ah, muy bien! Vas a jugar sucio. ¡Por favor, traedme una palangana!

(*Gesto de vomitar.*)

Estrepsíades	¡Rápido, una palangana!
Hipocomiso	Sí, voy.
A. Mejor	No, no hace falta. Era una frase retórica.
Estrepsíades	¡Ah! Perdón.
A. Peor	«Una frase retórica». Si es que no se puede ser más rancia, más cursi y más pasada de moda.
A. Mejor	Mira quién habla, la degenerada desvergonzada.
A. Peor	Gracias.

(*Sale* Ultimátum *para dar indicaciones a las actrices.*)

A. MEJOR   ¡La caradura sinvergüenza!

A. PEOR   ¡Más, más, más...!

A. MEJOR   ¡Seguro que eres de las que pegan a sus padres!

A. PEOR   ¡Anda, calla, que eres una carcamal carca carcomida por la envidia!

A. MEJOR   Y tú una charlatana mochales que está para que la encierren. (A HIPOCOMISO.) Venga, ven conmigo.

A. PEOR   ¡Quítale las manos de encima!

A. MEJOR   ¡Suéltalo!

A. PEOR   ¡Suéltalo tú!

EMPRESARIA CORIFEO   ¿Queréis dejar ya de pelearos y mostrarle a este muchacho vuestras artes? A ver, Argumenta Mejor. Empieza tú.

A. MEJOR   Muy bien, pues empiezo. Como has dicho, voy a exponer los valores de la antigua educación, cuando todo el mundo respetaba las leyes y el buen comportamiento era la práctica habitual.

A. PEOR   En la época de las cavernas...

A. Mejor — ¡Calla! Si me escoges a mí, no perderás el tiempo charlando en la plaza pública sobre temas estrambóticos como hacen todos los jóvenes de hoy. Serás versado en aborrecer los baños públicos, en avergonzarte de lo vergonzoso, y, sobre todo, aprenderás a respetar a los mayores.

A. Peor — ¿Y quieres saber lo mejor de todo? ¡Que te aburrirás desde que te levantes hasta que te acuestes!

A. Mejor — ¡Que te calles! Si sigues mis consejos, te aseguro que nunca irás a juicio por culpa de cualquier asunto vicioso como los que defiende esta de aquí, que considera honesto todo lo que es ruin, y ruin todo lo que es honesto.

Empresaria Corifeo — (A la Argumenta Peor.) Pues, aquí la poeta se ha lucido. ¿Qué puedes replicar en su contra?

A. Peor — Pues todo, porque por alguna razón soy la llamada Argumenta Peor, la especialista en contradecir las costumbres y las leyes establecidas. Mira...

Estrepsíades — Estrepsíades...

A. Peor — Mira, Estrepsíades, de verdad te digo que... ¿Estrepsíades... de los Estrepsíades de...?

ESTREPSÍADES   Sí, de los caramelitos Strepsil de hierbas, sí...

EMPRESARIA   Bueno, ya está bien con esto del Strepsils... ¿Es que acaso nos pagan por la publicidad y yo no me he enterado?

ULTIMÁTUM   No, es un chiste que se me ocurrió, pero no hay nada definitivo, lo anoto. Venga, seguimos.

A. MEJOR   Esto, ya que hemos parado...

ULTIMÁTUM   ¿Qué pasa?

A. MEJOR   A mí la ropa me aprieta.

ULTIMÁTUM   ¿Cómo te va a apretar si es una túnica?

A. MEJOR   ¡Yo qué sé! Me aprieta.

ULTIMÁTUM   Bueno, pues lo anoto y después lo hablamos. Venga, que va muy bien, muy bien...

                (*Saliendo.*)

ESTREPSÍADES   ¿Por dónde iba?

A. PEOR   Estaba hablando yo.

ESTREPSÍADES   ¡Ah!

A. Peor   Te estaba diciendo que tu hijo me escogerá porque yo le enseñaré una cosa que no tiene precio: a salir victorioso de cualquier causa perdida. Para convencerlo de mis artes iniciaré mi presentación refutando todos los argumentos de esta idiota, empezando por el que prohíbe los baños de agua caliente.

A. Mejor   ¡Son lo peor, vuelven cobarde al hombre!

A. Peor   ¿Sí? Dime una cosa, ¿según tú, quién es el hijo más intrépido y poderoso de Zeus?

A. Mejor   Hércules, sin ninguna duda.

A. Peor   ¿¡Hércules, no me digas!? ¿El mismo Hércules que da nombre a esos baños que son famosos por sus altas temperaturas, los baños de Hércules?

Hipocomiso   ¡Ahí te han dado!

Estrepsíades   ¡Sí que le han dado!

A. Peor   También condenas que los jóvenes pierdan su tiempo charlando en el Ágora. Yo sin embargo, lo elogio.

A. Mejor   ¡Lo elogia!

A. Peor   Claro, pues si fuera algo nocivo, Homero nunca habría bendecido a Néstor, el gran orador, como «agoreta».

Hipocomiso	Dos a cero.
A. Peor	También dices que los jóvenes han de ser «recatados». Hipocomiso, hijo, ¿tú sabes de cuántos placeres vas a verte privado si haces caso a esta carcamal recatada? Juego, manjares, bebidas, carcajadas, mujeres, jovenzuelos...
A. Mejor	Tú hazle caso y te convertirás en un simplón y en un... ¡tonto del culo!
A. Peor	¿Y...? ¿Qué hay de malo en ser tonto del culo? ¿No lo es cualquiera que tenga un cargo por encima del nuestro?
A. Mejor	Sí, pero...
A. Peor	¿Y no lo son también la mayoría de los críticos, los mimos y los directores de escena?
A. Mejor	Sí, también, pero...
A. Peor	Y los políticos, ¿qué son?
Todos	Tontos del culo.
A. Peor	El mundo está dominado por tontos del culo. Mires donde mires, hay un tonto –o una tonta– del culo... (*Señalando al público.*) Mira, ésa pelirroja de ahí seguro que lo es, y el calvo de allá, también, y de esa parejita del fondo, ¿qué me dices?

A. MEJOR   Tontos del culo.

A. PEOR   Entonces... ¿Quién ha ganado?

EMPRESARIA   Pues..

A. MEJOR   No hace falta que digáis nada. No solo me
                  doy por vencida sino que pacto con ella.

                  (ULTIMATUM *pide un ¿¡Oh! al público.*)

A. PEOR   Bueno, ¿cuando empezamos las clases?

HIPOCOMISO   Pues la semana que viene, o mejor la otra.

ESTREPSÍADES   ¡No, ahora mismo, por favor!

A. PEOR   Venga, pasando.

ESTREPSÍADES   Enséñale todo lo que haga falta, y si le has
                  de castigar, se le castiga. Enséñale hasta que
                  tenga una lengua tan afilada que pueda cor-
                  tar una denuncia en dos con solo mirarla.

A. PEOR   Descuida, te lo devolveré hecho todo un
                  sofista.

HIPOCOMISO   (*Aparte.*) ¡Eso, pálido, cutre y desgraciado!

Escena 12
Calle

*Sale ESTREPSÍADES. Entra ULTIMÁTUM dis-
cretamente.*

ULTIMÁTUM   Señora...

EMPRESARIA   ¿Qué pasa?

ULTIMÁTUM   Que aquí entraría la segunda parábasis.

EMPRESARIA   ¿Otra?

ULTIMÁTUM   Sí, hay dos, esta es más cortita pero interesa decirla porque, sutilmente, le sugerimos
al público que vote por nuestra obra. ¿La
digo yo que me sé el texto?

EMPRESARIA   Está bien, pero ligerita.

ULTIMÁTUM   Sí, sí... (*Gesto para música.*) Bueno, pues
aprovecharemos este momento, en el que
Hipocomiso se va con la Argumenta Peor y
Estrepsíades se retira esperanzado a su casa,
para recordarles las ventajas que obtendrán
en el caso de que, como es de justicia, vo-
ten por nuestra obra. La primera es que nosotras, las nubes, siempre cuidaremos de

vuestras cosechas. No les afectarán ni las sequías ni las tormentas torrenciales. Y la segunda es que, si hacéis algún viaje, nunca apareceremos, siempre brillará el sol. Ahora bien, en el caso de que no nos votéis... (*Truenos.*) En el caso de que no nos votéis olvidaos de vuestras cosechas y de los viajes soleados, allá donde estéis siempre estaremos nosotras con unos granizos como melones y unos torbellinos devastadores, y si alguno de vosotros tiene una boda, sea suya o de cualquier conocido, lloveremos toda la noche y tanto, que hasta las ranas tendrán que sacar sus paraguas. En fin, no sé si me he explicado pero, vaya, tampoco quiero presionaros, que cada uno vote según le dicte su conciencia. Ya está.

EMPRESARIA   ¿Y la canción? ¿La parábasis no iba con canción?

ULTIMÁTUM   Sí, pero como me ha dicho ligerito.

EMPRESARIA   Ligerito pero con canción. Venga, tú canta y yo improviso, que estoy muy metida en el personaje. (*Cantado.*)

Si no sabéis a quién votar,
votad a las Nubes, que no os fallarán.
—Pero—.
Si no lo hacéis, vais a pringar
como el necio y el charlatán.

Vuestra vida será infernal,
solo puede acabar fatal.
Pensad muy bien, a quien votar.

Escena 13
Calle

ESTREPSÍADES *entra a su casa con un jamón.*

ESTREPSÍADES   Hoy es el día que más temo, el que más
aborrezco, el último día del mes, el día en
el que todos mis acreedores vienen a bus-
carme la ruina. Y aunque yo, muy cordial-
mente, les digo: «pero, hombre, qué más
te da cobrar el mes que viene», ellos nada,
ellos siguen en sus trece con que quieren
cobrar y que quieren cobrar y que si no les
pago me denunciarán por tramposo. Pues
muy bien, ¡qué me denuncien! ¿Qué me
importan a mí las denuncias si voy a tener
un hijo con una lengua de oro que me sa-
cará de cualquier apuro?

SÓCRATES   (*Saliendo.*) Se te saluda, Estrepsíades.

ESTREFSÍADES   Y yo te devuelvo el saludo y un regalito que
me he encontrado por casa.

(*Le da el jamón.*)

SÓCRATES   (*Oliéndolo.*) Ibericum...

Estrepsíades	¿Qué tal? ¿Cómo va mi hijo? ¿Ya ha aprendido todo lo que tenía que aprender?
Sócrates	Todo, y tan solo en una semana. ¡No sé a quién habrá salido!
Estrepsíades	La duda ofende.
Sócrates	A partir de hoy, ten por seguro que saldrás victorioso de cualquier pleito que te interpongan.
Estrepsíades	¡No me lo puedo creer! Pero a ver, por ejemplo, si me acusan de no devolver un préstamo y hay testigos, testigos de los de verdad, que confirman que lo cobré, ¿también me libraré de ir a juicio?
Sócrates	Aunque sean mil los testigos que lo afirmen. Voy a buscar a tu hijo.

(Sócrates *sale al pensadero.*)

Estrepsíades	¡Oh, diosas del timo y la charlatanería, gracias, gracias de todo corazón! ¡Llorad usureros, llorad prestamistas! ¡Llorad por vuestro dinero porque ya nunca más lo volveréis a ver! ¡Y denunciadme, por favor, que quiero disfrutar viendo cómo mi hijo os machaca. ¡Hipocomiso, Hipocomiso, Hipocomiso!

(*Entra* Hipocomiso *desde el pensadero.*)

Escena 14

ESTREPSÍADES   ¡Hipocomiso, querido hijo mío! ¡Mírate! Si ya tienes esa mirada de los que tienen respuesta para todo, esa actitud de «¿pero qué me estás contando?» Que es imbatible en cualquier discusión y ese aire de ser, aun siendo el auténtico ofensor, el pobrecito ofendido. Venga, no perdamos más tiempo y empieza a salvarme poniendo en práctica tus nuevos conocimientos.

HIPOCOMISO   ¿De qué tengo que salvarte?

ESTREPSÍADES   Del día al que llaman viejo y nuevo.

HIPOCOMISO   ¿Existe un día viejo y nuevo?

ESTREPSÍADES   ¡Ay, cómo se nota que nunca has tenido que preocuparte por pagar! Al último día del mes, hoy, se le llama el viejo y el nuevo, viejo porque muere el mes y nuevo porque empieza el mes siguiente. Si hoy no pago, mis acreedores me demandarán.

HIPOCOMISO   Pues que te demanden, que lo perderán todo.

ESTREPSÍADES   ¡Bien! ¿Y cómo los convencerás?

HIPOCOMISO   ¡Fácil! ¿Cómo van a demandarte en un día que son dos, viejo y nuevo? Es imposible. Es como decir que una mujer puede ser, a la vez, anciana y joven.

ESTREPSÍADES   Sin embargo, la ley dice que hay que pagar el día viejo y nuevo.

HIPOCOMISO   Bueno, eso será según la interpretación que se le quiera dar a la ley. Para mí, no está tan claro.

ESTREPSÍADES   ¿No lo está?

HIPOCOMISO   No, eso son chanchullos burocráticos. Establecen dos días, que en realidad son uno, para sacarse de la manga tributos y comisiones misteriosas. Esto, te lo digo yo, lo tenemos ganado sin bajarnos de la cuadriga.

ESTREPSÍADES   (*Al público.*) ¿Qué? ¿Cómo os habéis quedado ante estos argumentos? No me lo digáis que ya lo veo, ¡cómo pasmarotes! Esto se merece un «Oh» de los buenos. (*Hace gesto de «Oh» al público.*) ¡Qué felicidad! Este nuevo Hipocomiso se merece un buen banquete en su honor.

Escena 15
Calle/Casa Estrepsiades

ESTREPSÍADES *e hijo en su casa. Entra* PA-
SIAS.

PASIAS · ¡Aquí, aquí vive ese canalla! ¡Por Pluto, dios de la riqueza, que tenga una que defender lo que es suyo por derecho! Hubiera sido mejor ruborizarme por negarle el préstamo, que estar aquí solucionando unos problemas que no tendría si no se lo hubiese prestado! ¡Estrepsíades! ¡Estrepsíades!

ESTREPSÍADES · ¿Quién me llama?

PASIAS · Pasias, la que tenía que venir a cobrar sus intereses el día-viejo-y-nuevo.

ESTREPSÍADES · (*Al público.*) ¿Lo habéis oído? Os tomo por testigos de que ha nombrado dos días diferentes. ¿Y por qué motivo teníais que venir, que no recuerdo?

PASIAS · Por los doce dracmas que te presté para comprar un semental.

ESTREPSÍADES · ¿Un semental? ¿Pero qué me dices? ¡Si yo detesto la hípica!

PASIAS	¡Por Zeus! Te di doce dracmas y juraste por los dioses que me los devolverías con intereses.
ESTREPSÍADES	Ya, pero es que por aquel entonces mi Hipocomiso aún no me había demostrado que no os debo nada de nada.
PASIAS	¿Cómo? ¿Estás dispuesto a jurar por los dioses que nunca te presté dinero?
ESTREPSÍADES	¿Por qué dioses?
PASIAS	Por Zeus, por Hermes y por Poseidón.
ESTREPSÍADES	Lo de jurar por Zeus, perdona que te lo diga, es como jurar por el ratoncito Pérezopulus.
HIPOCOMISO	¡Perozopoulos!
PASIAS	¿Pero cómo te atreves a hablarme así? Mira, Estrepsíades, que no me quiero enfadar, dime solo si piensas pagarme o no.
HIPOCOMISO	¿Tú como le llamas a esta parte del cuerpo?
PASIAS	La mano.
HIPOCOMISO	¿La mano? Querrás decir «el mano», no?
PASIAS	¿El mano? ¿Pero qué dice?

ESTREPSÍADES   Que no pienso pagarle ni un dracma a una palurda a la que a El mano le llama La mano.

PASIAS   ¿No vas a pagarme?

ESTREPSÍADES   No sé, espera, deja que me lo piense un momento... ¡¡No!! Así que, ¡aire!

PASIAS   Muy bien, me voy, claro que me voy, me voy directa a denunciarte me cueste lo que me cueste. Te estás buscando un problema.

(*Sale* PASIAS.)

ESTREPSÍADES   ¿Un problema? ¡Será una problema, inculta! Tú sí que tienes una problema con La idioma, más que una problema es una trauma.

Escena 16
Calle

Llegan Eolia y Pomponio con vendas en la cabeza.

EOLIA   ¡Ay, ay de mí!

ESTREPSÍADES   ¡Vaya, otra que se lamenta! ¿Qué os pasa?

EOLIA   ¿Que qué nos pasa? Díselo, Pomponio.

POMPONIO   Pues que...

EOLIA   Que soy una desdichada.

ESTREPSÍADES   ¿Y yo tengo la culpa?

EOLIA   ¡Pues claro! Díselo Pomponio.

POMPONIO   Sí, es que...

EOLIA   Tu hijo nos debe un montón de dinero.

HIPOCOMISO   ¿Yo?

EOLIA   Sí, y como no nos lo devuelves estamos en las últimas.

ESTREPSÍADES   La verdad es que sí que lo parece, porque os veo fatal.

EOLIA   Es que viniendo hacia aquí nos caímos del carro. Díselo Pomponio.

POMPONIO   Nos caímos del carro.

ESTREPSÍADES   Y seguramente, al caeros del carro, os habréis golpeado en el tarro, porque no decís más que tonterías.

EOLIA   ¡Contéstale Pomponio!

POMPONIO   Sí... Eeehh...

EOLIA   ¿Te parece una tontería querer recuperar nuestro dinero?

ESTREPSÍADES   A mí me parece que habéis perdido el juicio.

EOLIA   ¿Has oído Pomponio? ¿No vas a decirle nada?

POMPONIO   Claro, mire...

EOLIA   El que va a perder el juicio vas a ser tú si nos obligas a denunciarte. Al menos páganos los intereses que van subiendo mes a mes.

HIPOCOMISO   Dime una cosa, Pomponio.

POMPONIO   Sí.

HIPOCOMISO	¿Tú crees que el mar es mayor ahora que hace unos años?
EOLIA	¡No, por Zeus! ¿Cómo quieres que sea mayor? ¡Es igual!
HIPOCOMISO	Y entonces, si el mar, por mucho que afluyan los ríos no crece, ¿cómo pretendes que tu dinero vaya creciendo mes a mes?
EOLIA	Pero...
ESTREPSÍADES	¡Pero nada! Ya os estáis yendo ahora mismo de esta casa a no ser que prefiráis que os ayude yo a servilletazos.
EOLIA	¡Tenemos una testigo!
ESTREPSÍADES	¡Por mí como si tenéis mil!
EOLIA	¡Dile algo Pomponio! (POMPONIO *va a hablar pero se queda en gesto de desprecio.*) ¡Ahí queda eso!

(EOLIA *y* POMPONIO *se van.*)

ESTREPSÍADES	¡No, así no quedará, os voy a denunciar por hacerme perder el tiempo!

(ESTREPSÍADES *se dirige a su casa.*)

EMPRESARIA CORIFEO   Ultimátum.

ULTIMÁTUM   Señora...

CORIFEO   Pon música, que me he venido arriba.

ULTIMÁTUM   ¿Qué música?

CORIFEO   Cualquiera, déjame escucharla un poqui-
             to para que me haga una idea. (*Escucha.*)
             Venga, dale, desde el principio.

Escena 17
Calle

EMPRESARIA
/CORIFEO   Vaya tacaño impresentable.
           No piensa pagar jamás.

CORO   Vaya tacaño impresentable.
           No piensa pagar jamás.

EMPRESARIA
/CORIFEO   Es tan ruin y despreciable,
           (que) lo vamos a machacar.
           Por ser tan tan miserable,
        con (su) sangre lo va a pagar.
    Oh, destino, cruel destino, con buen tino
              hazle pagar.
    Oh, cretino, ruin cretino, con buen tino
              vas a pagar.

CORO   Oh, cretino, ruin cretino, con buen tino
              vas a pagar.
        Por ser tan tan miserable
           Lo vas a pagar

EMPRESARIA
/CORIFEO   Vamos a hacer que Hipocomiso
           le clave el puñal mortal.

CORO   Vamos a hacer que Hipocomiso
              le clave el puñal mortal.

EMPRESARIA
/CORIFEO   Con discursos infinitos
                 a su padre fulminará.
              El destino ya está escrito
                 tus pecados vas a pagar.
           Oh, destino, cruel destino, con buen tino
                    hazle pagar.
           Oh, cretino, ruin cretino, con buen tino
                    vas a pagar.

CORO   Oh, cretino, ruin cretino, con buen tino
                    vas a pagar.
              Por ser tan tan miserable
                 lo vas a pagar.

ESTREPSÍADES (*Voz en off.*)
              ¡Socorro! ¡Socorro!

Escena 18
Calle

ESTREPSÍADES *sale de su casa perseguido por su hijo y recorren el patio de butacas.*

ESTREPSÍADES   ¡Socorro vecinos, ayudadme por favor!

HIPOCOMISO   ¡No corras, no corras que será peor!

ESTREPSÍADES   ¡Socorro, por favor, que quiere zurrarme!

HIPOCOMISO   ¡Exacto, hasta que se te despegue la piel!

ESTREPSÍADES   ¡Canalla, parricida!

EMPRESARIA
/CORIFEO   Hipocomiso, ¿pero de verdad vas a pegar a tu padre?

HIPOCOMISO   Sí, y con todas las de la ley.

ESTREPSÍADES   ¡Sinvergüenza! ¿Cómo va a ser de ley pegarle a un padre?

HIPOCOMISO   De ley es, y os lo voy a demostrar con la ayuda de unos argumentos.

ESTREPSÍADES   ¡Por Zeus! ¡Maldita la hora en la que te envíe a estudiar cómo defender una causa injusta!

HIPOCOMISO   Cuando me hayas oído, te parecerá tan justa que no tendrás nada que objetar.

ESTREPSÍADES   ¿Habéis visto que tonillo de marisabidillo utiliza? ¡Si parece un tertuliano! «Nada que objetar.»

HIPOCOMISO   ¡Como te pille!

EMPRESARIA
/CORIFEO   Un momento, un momento... A ver, Estrepsiades, ¿me puedes explicar cómo empezó vuestra discusión?

ESTREPSÍADES   Pues de la manera más tonta. Estábamos de fiesta, le dije que cogiera la lira para cantar algo, y le faltó tiempo para decir que cantar en un banquete era de viejunos.

HIPOCOMISO   ¿Y no es de viejunos? ¡Tendría que haberte pisoteado la cabeza en ese mismo momento!

ESTREPSÍADES   ¿Lo oís? ¡Lo mismo que me decía en casa!

HIPOCOMISO   ¡Pues claro, porque soy coherente!

EMPRESARIA
/CORIFEO   ¡Queréis callaros los dos! Continúa.

_____

113

ESTREPSÍADES   Sí. ¿Por dónde iba?

EMPRESARIA
/CORIFEO   Que cantar era de viejunos.

ESTREPSÍADES   Eso, él estaba erre que erre con lo del viejuno y yo, por salir del bucle, le dije que nos recitase algo de Esquilo. ¡Uy lo que le dije! ¡Esquilo! ¡No sabéis cómo se puso!

HIPOCOMISO   ¡Porque Esquilo es un peñazo y una antigualla insoportable!

ESTREPSÍADES   ¡Así estaba! ¡Histérico! Pero yo, tragándome la indignación y muy calmado, os lo digo de verdad, muy calmado, le dije que «si le apetecía» recitase algo ingenioso de cualquier poeta moderno. ¿Y sabéis qué hizo? Se puso a recitar unos versos asquerosos de Eurípides sobre uno que se trajina a su propia hermana.

HIPOCOMISO   Unos versos preciosos, pura poesía, ¿y él qué hizo? Se puso como una fiera.

ESTREPSÍADES   Pues sí, y a partir de ahí, ya os lo podéis imaginar. Una palabra fue empujando a la otra hasta que, no sé qué le dio, que se lanzó sobre mí con la clara intención de matarme.

HIPOCOMISO   ¡Y con toda justicia, por no elogiar a Eurípides, genio entre los genios!

ESTREPSÍADES   ¡Desvergonzado! Yo, que lo crié atendiendo
a todo lo que balbuceaba, si antes de que aca-
base de decir «caca» ya tenía el culo limpio.
Y ahora, ¿así me lo paga? ¡Ay, cría cuervos...!

EMPRESARIA
/CORIFEO   Muy bien, ahora te toca a ti Hipocomiso.
¿Puedes explicarnos esas justas razones que
te han llevado a actuar así?

HIPOCOMISO   Claro que sí. Os demostraré por qué es de
justicia castigar al padre con una pregunta
muy sencilla, ¿cuando era niño me pegabas?

ESTREPSÍADES   Claro, pero siempre con cariño. Yo me pre-
ocupaba mucho por ti.

HIPOCOMISO   Pues entonces, si en eso consiste ser cariñoso, ¿no es justo que yo también te pe-
gue? (*Hace callar a su padre.*) Sí, sí, ya sé
lo que vas a decir, que así es como se trata
a los hijos y yo te replicaré diciendo que,
uno, las equivocaciones de los adultos son
mucho menos tolerables y dos, que como
los viejos son dos veces niños, es lógico
que lloren el doble que los jóvenes.

ESTREPSÍADES   ¿Y qué ley dice que el padre tenga que pasar por eso?

HIPOCOMISO   Una que yo mismo haré llegar al Senado.
Pero tranquilo, como gesto de buena vo-
luntad, los golpes que hayamos recibido de

nuestros padres antes de que se proclame esta nueva ley, no serán contabilizados.

ESTREPSÍADES ¿Lo estáis oyendo, nubes? Todo esto me pasa por vuestra culpa, por haberos confiado mis problemas.

EMPRESARIA
/CORIFEO No, Estrepsíades, la culpa es tuya y solo tuya.

ESTREPSÍADES ¿Mía?

EMPRESARIA
/CORIFEO Tuya por haber dedicado toda tu vida a cometer canalladas.

ESTREPSÍADES ¿Y por qué no me lo dijisteis cuando os conocí en vez de dar alas a un pobre viejo paleto?

EMPRESARIA
/CORIFEO Porque así actuamos cada vez que nos topamos con sinvergüenzas como tú.

EMPRESARIA
/CORIFEO
/CORO Los sumimos en la desgracia más absoluta para que aprendan a temer a los dioses.

ESTREPSÍADES ¡Ay de mí, Nubes! Es cruel, cruel pero justo por haberme quedado con el dinero que me prestaron. ¿Cómo pude creerme tantas tonterías celestes y tanto torbellino celeste? ¿Cómo pude ser tan idiota de renegar de los verdaderos dioses? ¡Y todo por culpa de Sócrates! (*Al cielo.*)¡Oh, Zeus, mi dios favorito!

HIPOCOMISO ¡Mira que eres simplón! ¡Zeus no existe!

ESTREPSÍADES ¡Oh, Zeus! Apelo a tu comprensión, no te enfades conmigo, por favor, he tenido un mal momento, me volví loco por culpa de tanta charlatanería, pero ahora ya estoy bien, de verdad. Lo siento mucho, me he equivocado, no volverá a pasar. Oye Zeus, dime una cosa, ¿tú qué me aconsejas? ¿Llevo a esos charlatanes a juicio o mejor les quemo directamente la casa? (*Hace ver que escucha a Zeus.*) ¿Cómo? ¿Que les queme la casa? Bueno, lo que tú digas, les quemo la casa.

HIPOCOMISO Zeus no ha dicho nada.

ESTREFSÍADES Tranquilo, si es cierto que las nubes son diosas, ya se encargarán ellas de apagar el fuego.

(*Sale.*)

HIPOCOMISO ¡Sócrates! ¡Querefonte!

ESTREPSÍADES Sí, Zeus, un momento, ya voy, ya voy...

HIPOCOMISO ¡Sócrates! ¡Querefonte! ¡Venid, rápido!

Escena 19

Entran Sócrates *y* Querefonte *desde su casa.*

Querefonte   ¿Qué pasa?

Sócrates   ¿Qué son esos gritos?

Hipocomiso   Mi padre, que os quiere buscar la ruina.

(*Entra* Estrepsíades *con una antorcha.*)

Estrepsíades   Sí, Zeus, lo que tú digas, Zeus.

Querefonte   Estrepsíades, ¿qué pretendes hacer?

Estrepsíades   ¿Que qué pretendo, ladrón de capas? ¡Voy a entablar un diálogo sutil entre esta antorcha y las vigas de vuestra casa! (Estrepsíades *lanza la antorcha al tejado de* Sócrates.) ¡Quiero que veáis la luz de la sabiduría! ¡Ya veréis, lo que es luz no os va a faltar!

Sócrates   ¡Desgraciado!

Querefonte   ¡Vamos a morir todos achicharrados!

ESTREPSÍADES   No, si antes os pillo yo...

(*Todos empiezan a dar vueltas alrededor de las casas.* ULTIMÁTUM *pide un «Oh» prolongado al público.*)

ULTIMÁTUM   Y con el coro haciendo Oh, llegamos al final de la comedia.

EMPRESARIA   ¿La obra acaba así?

ULTIMÁTUM   Sí, los personajes van dando vueltas persiguiéndose y el público ya entiende que es el final. (*Viendo la cara.*) ¿No le gusta?

EMPRESARIA   ¿Y no es mejor acabarla como siempre, con el típico dios que baja del cielo y lo soluciona todo? ¿Cómo se llama eso?

ULTIMÁTUM   Deus ex machina, pero está muy anticuado, yo he querido hacer una versión más moderna.

EMPRESARIA   Que no se entiende.

ULTIMÁTUM   Bueno, el público siempre es más listo de lo que pensamos.

EMPRESARIA   No se entiende.

CALATRAVIUM   De todas maneras, si se trata de ahorrar, hacer bajar un dios será caro seguro.

EMPRESARIA	A mí este final...
ULTIMÁTUM	También podríamos acabar con la frase original de Aristófanes.
QUEREFONTE	De Ari y Stófanes.
ULTIMÁTUM	Sí, sí, de los dos. «Marchemos, que nuestro coro ya ha actuado suficiente por hoy». Eso dejaría muy claro que la obra se ha acabado... ¿no?
QUEREFONTE	Clarísimo.
EMPRESARIA	¿Y acabar con una canción?
ULTIMÁTUM	Pensaba que no le gustaba la música.
EMPRESARIA	Ahora sí. Una canción con un final rotundo, un final corto y sonoro.
ULTIMÁTUM	¿Corto y sonoro?
EMPRESARIA	Sí... algo como, como... ¡Chan! no... ¡Tachán! No, tampoco ¡Chimpún! ¡Eso, Chimpún!
TODOS	¿Chimpún?
EMPRESARIA	¡Chimpún! Una canción que acabe en Chimpún. ¡Venga, todos en formación de pilum, y pon música que yo improviso.

EMPRESARIA   Ya ven, que esta comedia
              esta comedia, esta comedia
                  llega a su final

CORO   Llega el gran final

EMPRESARIA   El ruin acaba pagando
              acaba pagando, acaba pagando
                  –y– Sócrates también

CORO   (Y) Sócrates también

EMPRESARIA   Y con esta metáfora
                  llegamos al final
                  así que esto se acaba
              esto se acaba, esto se acaba
                  con un gran chimpún
              Con un gran gran chimpún

EMPRESARIA
/CORO Con un chimpún (pum), con un chimpún (pum).
          Con un chimpún (pum), pum pum pum.
      Con un chimpún (pum), con un chimpún (pum)
                  ha llegado el fin.
      Con un chimpún (pum), con un chimpún (pum)
          Con un chimpún (pum), pum pum pum
      Con un chimpún (pum), con un chimpún (pum)
          Con un chimpún (pum), pum pum pum.

              Fin.

¡Ssssssshhhhhhhhhhh!

Haz del teatro algo íntimo

Llévalo siempre en el bolsillo

Cubierta y diseño editorial: Éride, Diseño Gráfico
Dirección editorial: ángel jiménez

Primera edición: enero, 2024

Las nubes
© VdB, 2024
Espronceda, 5
28003 Madrid

VdB®

ISBN: 978-84-19850-xx-x
Depósito Legal: M-xxxxx-2024
Diseño y preimpresión: Éride, Diseño Gráfico

Este libro protege el entorno

las nubes

Aristófanes
(Atenas, 444 - 385 a.C.)

Fue un comediógrafo griego, principal exponente del género cómico. Vivió durante la guerra del Peloponeso, época que coincide con el esplendor del imperio ateniense y su consecuente derrota a manos de Esparta. Sin embargo, también fue contemporáneo del resurgimiento de la hegemonía ateniense a comienzos del siglo IV a. C. Leyendo a Aristófanes es posible hacerse una idea de las intensas discusiones ideológicas (políticas, filosóficas, económicas y literarias) en la Atenas de aquella época.

Su postura conservadora le llevó a defender la validez de los tradicionales mitos religiosos y se mostró reacio ante cualquier nueva doctrina filosófica. Especialmente conocida es su animadversión hacia Sócrates y consideraba el teatro de Eurípides como una degradación del teatro clásico.

Desde su juventud escribió comedias. Se conservan once obras suyas, desarrolladas con una estructura definida en la que alternan el diálogo y el canto: *Los acarnienses* (425 a.C.) *Los caballeros* (424 a.C.), *Las nubes* (423 a.C.), una sátira contra los nuevos filósofos, como Sócrates. *Las avispas* (422 a.C.), *La paz* (421 a.C.), *Las aves* (414 a.C.), *Lisístrata* (411 a.C.), *Las Tesmoforias* (411 a.C.), *Las ranas* (405 a.C.), sátira contra Eurípides. *Las asambleístas* (392 a.C.) y *Pluto* (388 a.C.)

Autor de dos obras desaparecidas *Los convidados* (estrenada en el año 427 a.C.) y *Los babilonios*, (representada en 426 a.C.).

ARISTÓFANES

las nubes

Las nubes fue la primera obra representada por mujeres desnudas
en el año 423 a. C.

Personajes

ESTREPSÍADES, agricultor ateniense.
FIDÍPIDES, su hijo.
UN ESCLAVO DE ESTREPSÍADES.
UN DISCIPULO DE SOCRATES.
SÓCRATES, el filósofo.
EL CORO DE NUBES, en figura de mujeres.
EL ARGUMENTO MEJOR, representado como un hombre mayor de porte antiguo.
EL ARGUMENTO PEOR, un joven con atuendo moderno.
EL ACREEDOR 1
EL ACREEDOR 2
QUEROFONTE, discípulo de Sócrates.

Personajes mudos:

DISCÍPULOS DE SÓCRATES.
TESTIGOS DEL ACREEDOR 1º.
JANTIAS, esclavo de Estrepsíades.
OTROS ESCLAVOS.

Parte 1
Primer Acto

Hay dos casas, una –, que pertenece a Es-
TREPSÍADES y otra pequeña, en la que viven
SÓCRATES y sus discípulos. Ante la casa de
ESTREPSÍADES, en primer plano, se simula un
interior. Es todavía de noche. Ocupan sendas
camas ESTREPSÍADES y su hijo FIDÍPIDES. El
padre da vueltas en la cama y acaba por le-
vantarse.

ESTREPSÍADES   ¡Ay, ay, Zeus soberano!, ¡qué larga es la noche! Es interminable. ¿Nunca se hará de
día? La verdad es que he oído hace un rato
cantar al gallo, pero los esclavos aún están
roncando. Antes no hubiera pasado esto.
¡Maldita seas, guerra, maldita por tantas y
tantas cosas, cuando ya ni siquiera puedo
castigar a los esclavos!
  Tampoco el chico este se despierta en
toda la noche. ¡Mira cómo se tira pedos
bien envuelto con cinco mantas! En fin, si
os parece, vamos a roncar bien tapados. *(Se*
acuesta y se tapa.) Nada, no puedo dormir,
¡pobre de mí!, mordido como estoy por los
gastos, los pesebres y las deudas, por culpa de este hijo. Él, con su pelo largo, monta, guía el carro y sueña, todo con caballos.

En cambio yo estoy hecho polvo cuando veo que la luna me trae otra vez el día veinte del mes, pues los intereses se acumulan. (*Hacia la casa.*) Chico, coge el candil y saca los apuntes de mis cuentas, para que mire a quién le debo dinero y calcule los intereses. (*Un esclavo trae un candil y las tablillas con las cuentas.*) A ver qué debo. «Doce minas a Pasias». ¿De qué, doce minas a Pasias? ¿Por qué se las pedí prestadas? Ya está: cuando compré el caballo señalado con la coppa. ¡Pobre de mí!, ¡ojalá me hubiera señalado antes el ojo con una piedra!

FIDÍPIDES (*Dormido.*) Filón, estás haciendo trampa. Ve por tu calle.

ESTREPSÍADES Esa, esa es la desdicha que me tiene hecho polvo: hasta dormido sueña con los caballos.

FIDÍPIDES (*Dormido.*) ¿Cuántas vueltas a la pista van a dar los carros de guerra?

ESTREPSÍADES ¡Tú sí que me haces dar muchas vueltas a mí, a tu padre! Después de Pasias, ¿en qué deuda me metí? «Tres minas por un carro pequeño y un par de ruedas a Aminias».

FIDÍPIDES (*Dormido.*) Haz que el caballo se revuelque y luego llévatelo al establo.

ESTREPSÍADES   ¡Ay, amigo!, ¡a mí sí que me has revolca-
do… fuera de mi dinero: ya he perdido va-
rios pleitos y otros acreedores dicen que
me van a embargar por los intereses!

FIDÍPIDES   (*Despierto.*) A ver, padre; ¿por qué te po-
nes de mal humor y andas dando vueltas
toda la noche?

ESTREPSÍADES   Me está picando entre las mantas… un de-
marco.

FIDÍPIDES   ¡Déjame dormir un poco, hombre!

(*Se tapa otra vez y sigue durmiendo.*)

ESTREPSÍADES   ¡Por mí, duerme! Pero para que te enteres:
todas estas deudas serán tu problema. ¡Ay,
ojalá hubiera reventado la casamentera que
me empujó a casarme con tu madre! Yo lle-
vaba una vida de agricultor muy agradable: sucio y mugriento, tumbado a la bar-
tola, con un montón de rebaños, de miel
de abejas y de aceitunas prensadas.
Pero me fui a casar con la sobrina de
Megacles, hijo de Megacles, yo, un campe-
sino, con una de ciudad: una señoritinga
loca por el lujo, del estilo de Cesira. El día
que me casé con ella, yo, acostado a su lado,
olía a vino nuevo, a higos secos, a copos
de lana y a abundancia, pero ella olía a per-
fume, a azafrán, a morreos, a despilfarro, a

glotonería, a Afrodita Colíade y a Genetilide. Sin embargo, no diré que era una vaga, que ella tejía y tejía, así que yo le mostraba esta capa *(Señala su capa.)* tomándola como excusa para decirle: «Mujer, tejes demasiado apretado».

ESCLAVO *(El candil se apaga.)* No nos queda aceite en el candil.

ESTREPSÍADES ¡Rayos! ¿Por qué me encendiste el candil que chupa tanto? Ven aquí, que me las vas a pagar.

ESCLAVO ¿Por qué te las voy a pagar?

ESTREPSÍADES Porque le metiste una mecha de las más gruesas. *(El ESCLAVO se va.)* Más adelante, cuando nos nació este hijo, a mí y a la buena de mi mujer, nos empezamos a pelear por el nombre. Ella quería añadir «ipo» al nombre: Jantipo, Queripo o Calipides, mientras que yo quería ponerle Fidónides, por su abuelo. Pasaba el tiempo mientras tratábamos de decidirlo y, al fin, llegamos a un acuerdo y le pusimos FIDÍPIDES. Ella cogía a este tipo y le decía cariñosamente: «cuando tú seas mayor y conduzcas la carroza hacia la Acrópolis, como Megacles, con la túnica de lujo…».

Yo, en cambio, le decía: «más bien cuando traigas las cabras desde el Roquedal, como tu padre, vestido con la pelliza». Pero

él no me hacía ni pizca de caso y así hizo que cayera sobre mis bienes una peste caballar . Llevo toda la noche pensando cómo salir de esto y, por fin, ahora acabo de encontrar un camino totalmente excepcional; si consigo convencerlo de que lo siga, me veré a salvo. Bueno, en primer lugar quiero despertarlo. ¿Cómo podría yo despertarlo suavemente?, a ver, ¿cómo? ¡Fidípides, Fidipidito!

FIDÍPIDES   ¿Qué pasa, padre?

ESTREPSÍADES   Bésame y dame tu mano derecha

FIDÍPIDES   *(Se incorpora y le alarga la mano.)* Aquí la tienes. ¿Qué pasa?

(Las camas son retiradas del escenario.)

ESTREPSÍADES   Dime, ¿tú me quieres?

FIDÍPIDES   *(Señala una estatua.)* Sí, ¡por Posidón Hípico, aquí presente!

ESTREPSÍADES   No, no por el Hípico, ni hablar, que ese dios es el culpable de mis desgracias. Pues si me quieres de verdad, de corazón, obedéceme, hijo.

FIDÍPIDES   ¿Y en qué tengo que obedecerte?

ESTREPSÍADES   Cambia de un plumazo tu estilo de vida y vete a aprender lo que yo te diga.

11

FIDÍPIDES   A ver, dime, ¿qué me mandas?

ESTREPSÍADES   ¿Me vas a hacer caso?

FIDÍPIDES   Te haré caso, ¡por Dioniso!

ESTREPSÍADES   Bien, pues mira aquí. ¿Ves esa puertecita y esa casita?

(Señala la casa de SÓCRATES.*)*

FIDÍPIDES   Sí. ¿Qué es eso en realidad, padre?

ESTREPSÍADES   Eso es el «caviladero» de los espíritus selectos. Ahí viven unos hombres que, al hablar del cielo, tratan de convencerte de que es una tapadera de horno, y de que está alrededor de nosotros, que somos los carbones. Si se les paga, ellos te enseñan a ganar pleiteando todas las causas, las justas y las injustas.

FIDÍPIDES   ¿Y quiénes son?

ESTREPSÍADES   No sé exactamente el nombre. Son «cavilopensadores», gente bien.

FIDÍPIDES   Bah, unos hijos de perra. Ya sé yo: te refieres a esos fantasmones, paliduchos y descalzos, entre los que están el desgraciado de Sócrates y Querefonte.

ESTREPSÍADES   Eh, eh, cállate. No digas niñerías. Si algo te importan los garbanzos de tu padre, hazte

de su grupo, por favor, y manda los caballos a paseo.

FIDÍPIDES   Ni hablar, ¡por Dioniso!, ni aunque me dieras los faisanes que cría Leógoras

ESTREPSÍADES   Anda, ve, te lo pido por favor, hijo de mi alma; ve a que te enseñen.

FIDÍPIDES   ¿Y qué quieres que aprenda?

ESTREPSÍADES   Dicen que con ellos están los dos Argumentos, el Mejor, sea como sea, y el Peor. De esos dos Argumentos, dicen que el Peor gana los pleitos defendiendo las causas injustas. Así que, si me aprendes ese Argumento injusto, de lo que ahora debo por tu culpa, de todas esas deudas, no tendría que devolver ni un óbolo a nadie.

FIDÍPIDES   No te puedo obedecer, que ni me atrevería a mirar a la cara a los caballeros estando tan descolorido.

ESTREPSÍADES   ¡Por Deméter! Que conste que de lo mío no vas a probar bocado, ni tú, ni el caballo del tiro, ni el marcado con la «S». Te echaré de casa, ¡a hacer puñetas!

FIDÍPIDES   Pues mi tío Megacles no va a consentir que yo me quede sin caballos. Hala, me voy adentro, y a ti, ¡ni caso!

(Entra en su casa.)

ESTREPSÍADES   Pues yo, desde luego, no voy a quedarme así, hecho polvo. Voy a encomendarme a los dioses e iré yo en persona al caviladero para que me enseñen. Pero a mí, con lo viejo, lo olvidadizo y lo burro que soy, ¿cómo me van a entrar esas exquisiteces y esas finuras de argumentos? No tengo más remedio que ir. ¿Por qué ando perdiendo el tiempo con estas cosas en vez de llamar a la puerta? *(Llama a la puerta del caviladero.)* ¡Chico, chico!

DISCÍPULO   *(Abriendo la puerta.)* ¡Al cuerno! ¿Quién llama a la puerta?

ESTREPSÍADES   Estrepsíades, hijo de Fidón, de Cicina.

DISCÍPULO   ¡Un patán, por Zeus!: le has pegado una patada a la puerta de una forma tan increíble que has hecho abortar una idea recién inventada.

ESTREPSÍADES   Perdona, es que yo vivo lejos, en el campo. Anda, dime la idea abortada.

DISCÍPULO   No se nos permite decirla a los que no sean discípulos.

ESTREPSÍADES   Entonces, dímela con toda confianza, que yo, aquí donde me ves, vengo al caviladero para ser discípulo.

DISCÍPULO   Te lo voy a decir, pero hay que considerar estas cosas como misterios. Hace un momento preguntaba Sócrates a Querefonte cuántas veces podría saltar una pulga la longitud de sus pies, pues una mordió la ceja de Querefonte y luego saltó a la cabeza de Sócrates.

ESTREPSÍADES   ¿Y cómo consiguió medirlo?

DISCÍPULO   De una forma muy astuta. Fundió cera; después cogió la pulga y le sumergió los dos pies en la cera; cuando la pulga se enfrió, se le habían formado unas zapatillas persas; se las quitó, y medía con ellas la distancia.

ESTREPSÍADES   ¡Zeus soberano!, ¡qué finura de mente!

DISCÍPULO   ¿Pues qué dirías si te enteraras de este otro pensamiento de Sócrates?

ESTREPSÍADES   ¿Cuál? Por favor, cuéntamelo.

DISCÍPULO   Le preguntaba Querefonte de Esfeto si, en su opinión, los mosquitos cantan por la boca o por el culo.

ESTREPSÍADES   ¿Y qué dijo él sobre el mosquito?

DISCÍPULO   Decía que el intestino del mosquito es estrecho, y que por ser un conducto delgado el aire pasa por él con fuerza directamente

hasta el culo. Después, como el ano resulta ser un espacio hueco junto a un conducto estrecho, hace ruido por la fuerza del aire.

ESTREPSÍADES   Así que el ano de los mosquitos es una trompeta. ¡Tres vivas por esta investigación intestinal! Seguro que si lo acusaran saldría absuelto fácilmente el que conoce tan bien el intestino del mosquito.

DISCÍPULO   Pues hace un par de días se vio privado de un gran pensamiento por una salamanquesa.

ESTREPSÍADES   ¿De qué modo? Cuéntamelo.

DISCÍPULO   Investigaba el curso y los desplazamientos de la luna, y al estar con la boca abierta mirando hacia arriba como era de noche, un geco le cagó desde el alero.

ESTREPSÍADES   ¡Qué gracioso el geco ese que le cagó encima a Sócrates!

DISCÍPULO   Pues ayer por la noche no teníamos cena.

ESTREPSÍADES   ¡Ajá! y, ¿cómo se las ingenió para conseguir los garbanzos?

DISCÍPULO   Espolvoreó la mesa con una capa fina de ceniza, curvó un asador, lo usó como compás y... robó un manto del gimnasio .

ESTREPSÍADES   Entonces, ¿por qué seguimos admirando a aquel Tales? Abre, abre el caviladero, termina ya, y enséñame a Sócrates lo más aprisa que puedas, que quiero ser su discípulo. ¡Venga, abre la puerta! (*El* DISCÍPULO *abre la puerta. La máquina escénica trae al escenario a varios grupos de discípulos.*) ¡Heracles!, ¿de dónde han salido estos animales?

DISCÍPULO   ¿Por qué te asombras? ¿A qué crees que se parecen?

ESTREPSÍADES   A los laconios capturados en Pilos, pero, ¿por qué razón están mirando al suelo esos de ahí?

(*Señala a un grupo de discípulos.*)

DISCÍPULO   Investigan lo que hay bajo tierra.

ESTREPSÍADES   Entonces buscan cebollas. No os preocupéis (*Al grupo.*) más por eso, que yo sé dónde las hay grandes y hermosas. ¿Y qué están haciendo esos otros, los que están tan encorvados?

(*Señala otro grupo.*)

DISCÍPULO   Esos escrutan las tinieblas que hay más allá del Tártaro.

ESTREPSÍADES   ¿Y por qué su culo mira al cielo?

Discípulo	Está aprendiendo astronomía por su cuenta. (*A los discípulos que están fuera de la casa.*) Venga, entrad, no sea que él os pille fuera.
Estrepsíades	Aún no, aún no; que se queden, que quiero ponerlos al corriente de un asuntillo mío.
Discípulo	Es que no les está permitido pasar demasiado tiempo fuera al aire libre.
	(*Los discípulos mencionados entran en el caviladero.*)
Estrepsíades	(*Va señalando algunos objetos.*) ¡Por los dioses!, ¿qué es esto? Dime.
Discípulo	Esto de aquí es astronomía.
Estrepsíades	Y eso otro, ¿qué es?
Discípulo	Es geometría.
Estrepsíades	Y, ¿para qué sirve?
Discípulo	Para medir la tierra.
Estrepsíades	¿La que se adjudica en parcelas?
Discípulo	No, toda la tierra.
Estrepsíades	¡Qué cosa más buena! Esa idea es democrática y útil.

DISCÍPULO   Y este es un mapa de toda la tierra. ¿Ves?
             Aquí está Atenas.

ESTREPSÍADES ¿Qué dices? No lo creo, porque no veo a
             los jueces en sesión.

DISCÍPULO   Puedes estar seguro de que este territorio
             es el Ática.

ESTREPSÍADES ¿Y dónde están los de Cicina, mis vecinos?

DISCÍPULO   Están justamente aquí. (*Señalando la zona en
             el mapa.*) Y esta, como ves, es Eubea, situa-
             da a lo largo del continente un buen trecho.

ESTREPSÍADES Lo sé bien, pues la situamos fuera de jue-
             go nosotros con Pericles. Pero ¿dónde está
             Lacedemonia?.

DISCÍPULO   ¿Que dónde está? (*Señalando.*) Ahí la tienes.

ESTREPSÍADES ¡Qué cerca de nosotros! Planteaos de nuevo
             esto: apartarla de nosotros todo lo posible.

DISCÍPULO   No se puede.

ESTREPSÍADES ¡Por Zeus! Os pesará entonces. (SÓCRATES
             *aparece en un cesto colgado del techo me-
             diante una grúa.*) ¡Anda! y ¿quién es ese
             hombre que está en la cuerda colgada del
             gancho?

DISCÍPULO   Es él.

ESTREPSÍADES	¿El, quién?
DISCÍPULO	Sócrates.
ESTREPSÍADES	¡Sócrates! Anda, llámamelo bien fuerte.
DISCÍPULO	Llámalo tú mismo, que yo no tengo tiempo.

(Entra en la casa.)

ESTREPSÍADES	¡Sócrates, Socratillo!
SÓCRATES	¿Por qué me llamas, efímera criatura?
ESTREPSÍADES	En primer lugar, dime qué haces, por favor.
SÓCRATES	Camino por los aires y paso revista al sol.
ESTREPSÍADES	¿Así que «pasas» de los dioses desde un cesto en vez desde el suelo, si eso es lo que haces?
SÓCRATES	Nunca habría yo llegado a desentrañar los fenómenos celestes si no hubiera suspendido mi inteligencia y hubiera mezclado mi sutil pensamiento con el aire semejante a él. Si yo, estando en el suelo, hubiera examinado desde abajo las regiones de arriba, nunca habría desentrañado nada. Seguro, porque la tierra arrastra hacia así la sustancia del pensamiento. Eso mismo les pasa también a los berros.

ESTREPSÍADES   ¿Cómo dices? ¿El pensamiento arrastra la sustancia hacia los berros? Anda, baja hasta mí, Socratillo, para que me enseñes las cosas por las que he venido.

SÓCRATES   (*Descendiendo del cesto.*) Y, ¿para qué has venido?

ESTREPSÍADES   Quiero aprender a discursear, pues por culpa de los intereses y de los acreedores mal dispuestos, me veo despojado y saqueado: tengo todo embargado.

SÓCRATES   ¿Y cómo es que te has endeudado sin enterarte?

ESTREPSÍADES   Me hizo polvo una enfermedad hípica, que consume muchísimo. Pero anda, enséñame uno de tus dos Argumentos, aquél que no paga nada. Y cualquiera que sea la remuneración que me pidas, juraré por los dioses pagártela puntualmente.

SÓCRATES   ¿Que vas a jurar por los dioses? Para empezar, los dioses no son de curso legal entre nosotros.

ESTREPSÍADES   Entonces, ¿por qué cosa juráis? ¿Por unas monedas de hierro, como en Bizancio?

SÓCRATES   ¿Quieres saber con claridad en qué consiste exactamente lo divino?

ESTREPSÍADES   Sí, por Zeus, si puede ser.

SÓCRATES   ¿Y entablar diálogo con las Nubes, nuestras divinidades?

ESTREPSÍADES   Sí, sí.

SÓCRATES   Pues siéntate en el jergón sagrado.

(Señala un humilde jergón.)

ESTREPSÍADES   Vale, ya me siento.

SÓCRATES   Ahora coge esta corona.

(Le da una corona.)

ESTREPSÍADES   ¿Una corona para qué? ¡Pobre de mí!, no me sacrifiquéis como a Atamante, Sócrates.

SÓCRATES   No; es que esto se lo hacemos a todos los que se inician.

ESTREPSÍADES   ¿Y qué voy a sacar yo en limpio?

SÓCRATES   En discursear te convertirás en un experto, en unas castañuelas, en harina de la más fina. ¡Pero estáte quieto!

(Lo espolvorea con harina muy molida.)

Estrepsíades	¡Por Zeus!, no me vas a tomar el pelo, que espolvoreado de esta manera me voy a convertir de verdad en harina.
Sócrates	Es preciso que el anciano guarde un silencio reverente y preste oídos a la plegaria. ¡Oh Rey soberano, inconmensurable Aire, que sostienes la tierra en el espacio, y tú, Éter brillante, y vosotras, Nubes, veneradas diosas del trueno y el rayo, levantaos, oh señoras, apareceos en las alturas al hombre que cavila!
Estrepsíades	*(Mientras se tapa con la capa.)* Aún no, aún no, hasta que me eche por encima esta, no me vayan a mojar. ¡Si seré imbécil que he salido de casa sin llevar ni siquiera la gorra!
Sócrates	Así pues, ¡oh Nubes muy venerables!, venid a mostraros a este hombre, ya sea que os encontréis en las sagradas cimas del Olimpo, batidas por la nieve, ya sea que con las Ninfas forméis un coro sagrado en los jardines de vuestro padre Océano, ya sea que con áureos jarros extraigáis agua en las bocas del Nilo, ya sea que habitéis en el lago Meotis o en la cima nevada del Mimante. Prestadme oídos aceptando el sacrificio y alegrándoos con los sagrados ritos.

(Comienza a oírse el canto del coro de nubes, sin que se haga visible. Al mismo tiempo se oyen truenos.)

CORO

Nubes imperecederas,
alcémonos, visibles en nuestra brillante apariencia
[húmeda,
desde nuestro padre Océano, de profundo estruendo,
hasta las cimas de altísimos montes
cubiertas de árboles, para que
contemplemos las atalayas que se divisan a lo lejos,
los frutos y la sagrada tierra bien regada,
el cadencioso martillo de los divinos ríos,
y el mar que con sordo fragor resuena;
pues el ojo incansable del Éter resplandece
con sus brillantes rayos.
Ea, sacudamos de nuestra forma inmortal
la lluviosa niebla, y contemplemos,
con mirada que mucho abarca, la tierra.

SÓCRATES   Oh muy venerables Nubes, está claro que habéis escuchado mi llamada. (A Estrepsíades.) ¿Has oído su voz y el rugido del divino trueno que inspira temor?

ESTREPSÍADES   Sí, y os adoro, ¡oh muy honorables!, y quiero tirarme pedos en respuesta a los truenos, de tanto que me asusto y tiemblo ante ellos. Y si es lícito, ahora mismo ya –y aunque no sea lícito también– voy a cagar.

SÓCRATES   Déjate de bromas y no hagas lo que esos
            malditos comediantes; estáte quieto y ca-
            llado, pues un nutrido enjambre de diosas
            se aproxima cantando.

CORO   *(No visible aún.)*
            Doncellas portadoras de la lluvia,
vayamos a la espléndida tierra de Palas, para contemplar
    el muy deseable país de Cécrope, rico en hombres
                    [valerosos;
        lugar sagrado de ritos indecibles, donde
        un santuario que acoge a los iniciados
        abre sus puertas en los Sagrados Misterios.
Allí se brindan presentes a los dioses celestiales,
        templos hay de elevado techo, estatuas,
procesiones sacratísimas de los bienaventurados,
    sacrificios y fiestas a los dioses, con ornamento de
                    [coronas,
            en las estaciones más diversas,
    y al llegar la primavera, el don de Bromio:
            la porfía de los coros melodiosos
    y la música de las flautas de grave sonido.

ESTREPSÍADES   Por Zeus te lo pido, Sócrates, dime quiénes
               son las que entonan ese canto tan solemne.
               ¿No son alguna clase de heroínas, verdad?

SÓCRATES   Nada de eso. Son las Nubes celestiales, gran-
               des diosas para los hombres inactivos, que
               nos facilitan el pensamiento, la dialéctica,
               la inteligencia, la expresión de invenciones
               novedosas, el circunloquio, el desconcer-
               tar al auditorio y el tenerlo a raya

ESTREPSÍADES   Entonces, por eso, al oírlas, mi alma ha re-
montado el vuelo y está deseando ya ha-
blar sutilmente y decir finuras sobre el
humo, rebatir una sentencia con una sen-
tencilla sutil y oponerse a un argumento
con el argumento contrario. Así que, si puede ser, quiero verlas ya a las claras.

SÓCRATES   Pues mira por este lado, en dirección al
monte Parnes, que ya las diviso descendiendo lentamente.

ESTREPSÍADES   A ver, ¿por dónde? Señálamelo.

SÓCRATES   Por ahí *(Señalando a un lado.)* viene un gran
número de ellas atravesando navas y bos-
ques, por ahí, por ese lado.

ESTREPSÍADES   *(Mirando en la dirección indicada.)* ¿Qué,
qué? Yo no las veo.

SÓCRATES   Allí, junto a la entrada lateral.

ESTREPSÍADES   Sí, ahora ya, por donde dices, empiezo a
verlas.

*(Entra el coro de nubes, representadas por
mujeres.)*

SÓCRATES   Ahora ya no tienes más remedio que verlas, a no ser que tengas unas legañas tan
grandes como calabazas.

ESTREPSÍADES   Sí, por Zeus. ¡Oh venerables! Ya ocupan todo.

SÓCRATES   ¿Y la verdad es que no sabías que son diosas, ni creías en ellas?

ESTREPSÍADES   Desde luego que no, por Zeus. Yo las tomaba por niebla, rocío y vapor.

SÓCRATES   Por Zeus, es que no sabes que ellas apacientan a muchísimos «listillos», adivinos de Turios, profesores de medicina, gandules melenudos con sellos de ónice. Y a los moduladores de canciones de los coros ditirámbicos, embaucadores aéreos, a esos seres ociosos que nada hacen, los apacientan porque componen poesías para ellas.

ESTREPSÍADES   Entonces por eso componen aquello de «ímpetu destructor de las húmedas nubes que culebrea resplandeciente», «mechones de Tifón» «de cien cabezas», «tempestades de violento fuelle» y también «aéreos seres húmedos, aves de curvas garras que se mecen en el aire» y «aguaceros de las nubes llenas de rocío», y como recompensa por ello engullen filetes de opíparos y sabrosos mújeles, y «pajariles» carnes de zorzal.

SÓCRATES   Sí, por causa de ellas. Y con razón, ¿no?

ESTREPSÍADES   A ver, dime: si de verdad son nubes, ¿qué les ha pasado, que parecen mujeres mortales?

Porque aquéllas de allí *(Señala al cielo.)* no son así.

SÓCRATES   Bueno, pues, ¿cómo son?

ESTREPSÍADES   No lo sé bien, pero se parecen a copos de lana esponjados y no a mujeres, ¡por Zeus!; eso, ni una pizca. En cambio, estas de aquí tienen nariz.

SÓCRATES   A ver, contéstame a lo que voy a preguntarte.

ESTREPSÍADES   Di lo que quieras, sin más.

SÓCRATES   Alguna vez, al mirar para arriba, ¿has visto una nube parecida a un centauro, a un leopardo, a un lobo o a un toro?

ESTREPSÍADES   Sí, por Zeus. Y eso, ¿qué?

SÓCRATES   Se convierten en todo lo que quieren. Así que si ven a un melenudo, un bruto de esos muy velludos, como el hijo de Jenofanto, para burlarse de su pasión adoptan la forma de centauros.

ESTREPSÍADES   Y si ven a un ladrón del erario público, a Simón, ¿qué hacen?

SÓCRATES   Para proclamar su condición se convierten de golpe y porrazo en lobos.

ESTREPSÍADES   Claro, por eso ayer, al ver ellas a Cleónimo el arrojaescudos, como le echaron la vista encima a un tío tan cobarde, se convirtieron en ciervos.

SÓCRATES   Y ahora, como han visto a Clistenes, ¿ves tú?, por eso se han convertido en mujeres.

ESTREPSÍADES   (*Al* CORO.) ¡Bienvenidas, entonces, señoras! Y ahora, si alguna vez lo hicisteis para otro, reinas todopoderosas, emitid también para mí vuestra voz tan descomunal como el propio cielo.

CORO   ¡Salud, anciano cargado de años, cazador de palabras artísticas!, y tú (*A* SÓCRATES.), ¡sacerdote de las naderías más sutiles!, explícanos lo que quieres. Pues a ningún otro de los eruditos de hoy en día en temas celestes atenderíamos, excepto a Pródico: a él, por su sabiduría y su inteligencia, y a ti, porque caminas con paso arrogante por las calles, lanzas miradas de reojo, soportas descalzo muchas cosas desagradables y presumes a costa nuestra.

ESTREPSÍADES   ¡Oh Tierra, qué voz!, ¡qué sagrada, venerable y portentosa!

SÓCRATES   Es que verdaderamente estas son las únicas diosas. Todo lo demás son pamplinas.

ESTREPSÍADES   Pero Zeus, según vosotros, a ver, por la Tierra. ¿Zeus Olímpico, no es un dios?

SÓCRATES   ¿Qué Zeus? No digas tonterías. Zeus ni siquiera existe.

ESTREPSÍADES   Pero, ¿tú qué dices? Pues, ¿quién hace llover? Esto, acláramelo antes de nada.

SÓCRATES   ¡Esas, claro! Y te lo demostraré con pruebas de gran peso. A ver: ¿dónde has visto tú que alguna vez llueva sin nubes? Sin embargo, lo que tendría que ser es que él hiciera llover con el cielo despejado y que estas estuvieran ausentes.

ESTREPSÍADES   ¡Por Apolo!, con lo que acabas de decir le has dado un buen apoyo al asunto este. Y la cosa es que yo antes creía a pies juntillas que Zeus orinaba a través de una criba. Pero explícame quién es el que produce los truenos, eso que me hace a mí temblar de miedo.

SÓCRATES   Estas producen los truenos al ser empujadas por todas partes.

ESTREPSÍADES   A ver, a ti que no se te pone nada por delante: ¿cómo?

SÓCRATES   Cuando se saturan de agua y por necesidad son forzadas a moverse, como están llenas de lluvia necesariamente son impulsadas

hacia abajo; entonces, chocan unas contra otras y, como pesan mucho, se rompen con gran estrépito.

ESTREPSÍADES   Pero el que las obliga a moverse, ¿quién es? ¿No es Zeus?

SÓCRATES   Ni mucho menos; es un torbellino etéreo.

ESTREPSÍADES   ¿Torbellino? No me había dado cuenta de eso, de que Zeus no existe y de que en su lugar reina ahora Torbellinos. Pero aún no me has explicado nada del estruendo y del trueno.

SÓCRATES   ¿No me has oído? Las nubes, al estar llenas de agua, te digo que chocan unas con otras y hacen ruido porque son muy densas.

ESTREPSÍADES   Vamos a ver: eso, ¿quién se lo va a creer?

SÓCRATES   Te lo voy a explicar poniéndote a ti como ejemplo. En las Panateneas, cuando ya estás harto de sopa de carne, ¿no se te revuelven las tripas y de pronto se produce un movimiento en ellas que empieza a producir borborigmos?

ESTREPSÍADES   Sí, por Apolo, y al momento provoca un jaleo horrible y un alboroto; y la dichosa sopa produce un ruido y un estruendo tremendo, como un trueno; primero flojito, «papax, papax», después más fuerte «papapapax»,

y cuando cago, talmente un trueno, «pa-papapax», como hacen ellas.

SÓCRATES   Pues fíjate qué pedos tan grandes han salido de ese vientre tan pequeño. Y el aire este, que es infinito, ¿cómo no va a ser natural que produzca truenos tan grandes?

ESTREPSÍADES Por eso incluso los nombres de las dos cosas, «trueno» y «pedo», son parecidos. Otra cosa: el rayo con su fuego brillante, ¿de dónde viene –explícamelo–, el rayo que, cuando nos atiza, a unos los achicharra, y a otros los chamusca dejándolos vivos? Pues está claro que Zeus lo lanza sobre los perjuros.

SÓCRATES   Tú, ¡imbécil, chapado a la antigua, que hueles a tiempos de Crono!, ¿cómo es que, si fulmina a los perjuros, no abrasó a Simón, a Cleónimo ni a Teoro?, y desde luego que son perjuros. Sin embargo, fulmina su propio templo, y Sunio, «promontorio de Atenas», y las grandes encinas: y eso, ¿por qué? Pues claro está que la encina no es perjura.

ESTREPSÍADES No sé. Pero lo que dices tiene visos de verdad. Bueno, pues ¿qué es exactamente el rayo?

SÓCRATES   Cuando un viento seco al elevarse queda encerrado en las nubes, las infla desde dentro como a una vejiga, y después necesariamente las rompe, y sale disparado

violentamente por causa de la densidad, y por el roce y el ímpetu del movimiento se incendia a sí mismo.

ESTREPSÍADES   Por Zeus, a mí una vez me pasó exactamente lo mismo en las Diasias. Yo estaba asando un estómago para mis parientes, pero, por descuido no lo rajé. Entonces se fue hinchando, y después, de golpe, explotó, llenándome de mierda los ojos y quemándome la cara.

CORIFEO   ¡Humano que deseas de nosotras la elevada sabiduría!, ¡qué dichoso llegarás a ser entre los atenienses y entre los griegos todos!: si tienes buena memoria, eres capaz de pensar, y en tu alma reside la fortaleza; si no te fatigas al estar de pie ni al caminar, si no te molesta en exceso pasar frío ni estás demasiado ansioso por el desayuno, si prescindes del vino de los ejercicios gimnásticos y de los demás disparates, y si consideras que lo mejor es lo que cuadra a un hombre inteligente vencer en la actuación y en la deliberación, así como en las porfías de la lengua.

ESTREPSÍADES   Pues lo que es por tener un alma dura, un pensamiento que se mantiene despierto en la cama, y un estómago ahorrador, hecho a las privaciones y que se apañe con ajedrea a la hora de la comida, descuida, por todo ello yo podría sin miedo ofrecerme para servirte de yunque.

SÓCRATES   ¿Así que desde luego ya no considerarás
            dios a ningún otro que a los que nosotros
            consideramos: el Vacío que nos rodea, las
            Nubes y la Lengua, esos tres?

ESTREPSÍADES   Ni siquiera hablaría con los demás dioses ni
            lo más mínimo, aunque me topara con ellos;
            ni les haría sacrificios, ni vertería libaciones,
            ni pondría incienso en sus altares.

CORIFEO   Así pues, dinos, sin miedo, qué hemos de
            hacer por ti. Pues no dejarás de conseguirlo
            en caso de que nos respetes y nos veneres, y
            al mismo tiempo trates de ser avispado.

ESTREPSÍADES   Señoras, os pido entonces esta insignifi-
            cancia: que yo sea, por cien estadios de
            distancia, el que mejor discursee de todos
            los griegos.

CORIFEO   Pues eso lo obtendrás de nosotras, hasta tal
            punto que, de cara al futuro y desde este mis-
            mo momento, nadie en la Asamblea hará pros-
            perar mayor número de mociones que tú

ESTREPSÍADES   No hagáis que proponga mociones impor-
            tantes, que no quiero eso; quiero solamen-
            te volver la justicia en mi provecho y escu-
            rrirme de mis acreedores.

CORIFEO   Entonces conseguirás lo que deseas, pues
            tus aspiraciones no son grandes. Ea, ponte
            sin miedo en manos de nuestros ministros.

ESTREPSÍADES Tal haré, confiando en vosotras, pues la necesidad me apremia por culpa de los caba-
llos marcados con la «coppa» y del matri-
monio que me hizo polvo. Así pues, ahora, para todo lo que quieran hacerme, les
entrego a ellos este cuerpo mío, para recibir
golpes, pasar hambre, sed, estar roñoso, su-
frir un frío terrible o ser desollado para con-
vertirme en odre; todo, siempre que yo me
vea libre de las deudas, y a los hombres dé
la impresión de ser osado, hábil de lengua,
atrevido, caradura, repugnante, urdidor de
mentiras, de palabra pronta, muy ducho en
pleitos, un código de leyes ambulante, una
castañuela, un zorro, el ojo de una aguja, un
tipo flexible como el cuero, un hipócrita, un
tío pegajoso, un farsante, un bribón que merece pálos, un hijo de perra, un tipo retorcido, un incordio, un hombre al que no se
le escapa nada. Si me han de llamar esas cosas los que se topen conmigo, hagan de mí
estos ministros todo lo que gusten. Y si quieren, por Deméter, que me sirvan convertido
en salchichas a los caviladores.

CORO
El temple arrogante de este individuo no está falto
de audacia, sino dispuesto a todo.
(A ESTREPSÍADES.)
Ten por seguro que si aprendes de mí
estas cosas, una fama que llegará al cielo
tendrás entre los mortales.

ESTREPSÍADES ¿Qué me pasará?

CCRO

Junto a mí llevarás, para siempre,
la existencia más envidiable de todas.

ESTREPSÍADES   ¿Acaso entonces yo he de ver con eso algún día?

CORO

Sí, tanto que a tu puerta se sentará siempre mucha
gente, deseosa de comunicarse contigo y entablar
   diálogo para consultarte asuntos y pleitos
de muchos talentos, materias dignas de tu caletre.

CORIFEO   (*A* SÓCRATES.) Tú trata de impartir al viejo
las enseñanzas previas que tengas inten-
ción de darle; agita su mente y pon a prueba su inteligencia.

SÓCRATES   (*A* ESTREPSÍADES.) A ver, tú, descríbeme tu
carácter, para que, conociendo cómo es,
sobre esa base pueda yo aplicar contra ti
nuevos ingenios.

ESTREPSÍADES   ¿Cómo? Por los dioses; ¿es que intentas si-
tiarme?

SÓCRATES   No, lo que quiero es enterarme de algunos
detalles sobre tu persona, como, por ejemplo, si tienes buena memoria.

ESTREPSÍADES   Se comporta de dos maneras, por Zeus.
Cuando se me debe algo tengo muy buena

memoria, pero cuando yo, pobre de mí, soy el deudor, me vuelvo muy olvidadizo.

SÓCRATES A ver, ¿tienes dotes para discursear?

ESTREPSÍADES Para discursear, no; pero para estafar, sí.

SÓCRATES Pues así, ¿cómo podrás aprender?

ESTREPSÍADES Descuida, lo haré bien.

SÓCRATES Pues ándate listo para que cuando yo lance algunas enseñanzas sabias sobre las cosas celestes, tú las cojas al vuelo.

ESTREPSÍADES Pero, ¿cómo? ¿Tengo que comerme la sabiduría como un perro?

SÓCRATES Este hombre es un ignorante y un bárbaro. Anciano, me temo que necesita unos palos. A ver ¿qué haces si alguien te pega?

ESTREPSÍADES Recibo los golpes, y, después, espero un poco y reúno testigos; después otra vez dejo pasar un momento, y pongo un pleito.

SÓCRATES Venga, deja ahí tu capa.

ESTREPSÍADES ¿He hecho algo malo?.

SÓCRATES No, es que es costumbre entrar desnudo.

ESTREPSÍADES   Pero si yo no voy a entrara llevarme objetos robados.

SÓCRATES   Déjala ahí, ¿qué tonterías andas diciendo?

ESTREPSÍADES   *(Se quita la capa.)* Bueno, pues dime: en caso de que yo esté atento y aprenda con gana, ¿a cuál de tus discípulos llegaré a parecerme?

SÓCRATES   Tus características no se van a distinguir nada de las de Querefonte.

ESTREPSÍADES   ¡Ay, pobre mí! ¡Voya ser medio cadáver!.

SÓCRATES   ¿No dejarás de decir bobadas y vendrás de una vez conmigo aquí dentro, deprisa?

ESTREPSÍADES   Pues ponme primero en las manos un pastel de miel, que tengo miedo de bajar ahí dentro como si fuera la cueva de Trofonio.

SÓCRATES   Venga, ¿por qué te paras a escudriñar junto a la puerta?

(Ambos entran en el caviladero.)

CORO

Entra con buen pie
por causa de tu valor.
Que la buena fortuna acompañe
a este humano, pues, siendo ya
de avanzada edad,

impregna su naturaleza
de ideas novedosas
y se dedica a la sabiduría.

CORIFEO   Espectadores, con franqueza os expondré toda la verdad, ¡por Dioniso que me ha sustentado desde antiguo! Que no sea yo el vencedor ni me tengan por sabio si no es verdad que yo, por consideraros a vosotros espectadores inteligentes y creer que esta era la mejor de mis comedias, juzgué apropiado que vosotros fuerais los primeros en saborearla, siendo como ha sido la pieza que más trabajo me ha dado. Pero me tuve que retirar derrotado por hombres vulgares sin que yo mereciera eso.

Así que os echo en cara esto a vosotros los instruidos, por quienes yo me tomé tanto trabajo. Pero ni aun así os traicionaré nunca voluntariamente, a vosotros los inteligentes. Pues desde el momento en que aquí mismo unos varones, a los que es agradable incluso mencionar, hablaron muy bien de mis dos muchachos, del reprimido y del maricón, y yo —como era todavía una joven soltera y no me era lícito tener hijos expuse la criatura, y otra muchacha la recogió, y vosotros, por vuestra parte, la criasteis con generosidad, desde entonces tengo yo garantías seguras de vuestro juicio favorable.

Así que ahora esta comedia, a la manera de aquella Electra, ha venido con ánimo

de buscar, por si en alguna parte encuentra espectadores tan instruidos; pues reconocerá, si lo ve, el mechón de pelo de su hermano. Observad que es de condición humilde. En primer lugar, no ha venido trayendo cosido a su vestido un cuero colgando, rojo en la punta y grueso, para diversión de los niños, tampoco se burló de los calvos ni bailó el kordax. Ni siquiera hay un personaje anciano que, llevando la voz cantante, golpee con su bastón a cualquiera que esté a su alcance, disimulando así los chistes desafortunados. No se lanzó esta pieza al escenario con antorchas, ni gritó «¡socorro, socorro!».

Por el contrario, esta ha venido confiando en sí misma y en sus versos. Y yo, sí, yo, siendo un poeta del mismo talante, no me doy tufo, ni trato de engañaros trayendo a escena dos y tres veces las mismas cosas. Muy al contrario, yo estrujo mis sesos para presentar en cada ocasión innovaciones, que en nada se parecen unas a otras, y son todas ellas ingeniosas.

Yo, cuando Cleón era muy poderoso, le golpeé en el vientre, y no tuve la osadía de saltar sobre él cuando yacía derribado. En cambio, esos otros, en cuanto Hipérbolo les permitió hacer presa en él, golpean una y otra vez a ese individuo desdichado y también a su madre.

En primerísimo lugar Éupolis llevó a rastras su *Maricás*, haciendo un refrito de

nuestros *Caballeros,*tan mediocre como mediocre es él, añadiéndole además, por culpa del Kórdax, una vieja borracha, personaje que ha creado Frínico tiempo atrás, aquella a la que trataba de engullir el monstruo marino.

Después también Hermipo compuso una pieza sobre Hipérbolo, y luego ya todos los demás van en masa contra Hipérbolo, imitando mis comparaciones con las anguilas. Así pues, el que se ría con las piezas de esos, que no se deleite con las mías. Pero si disfrutáis conmigo y con mis hallazgos, en tiempos futuros os tendrán por gente de buen juicio.

CORO

De entre los dioses al que gobierna
en las alturas, Zeus, gran señor,
en primer lugar a mi danza convoco;
y al muy poderoso Guardián del Tridente,
el que estremece salvajemente
la tierra y el salino mar.
Y al de gran fama, nuestro padre,
el Éter muy venerable, que a todos los seres alimenta.
Y al Auriga, que con sus rayos
muy brillantes abraza la llanura
de la tierra, entre los dioses
y entre los mortales divinidad poderosa.

CORIFEO ¡Inteligentes espectadores, prestad atención aquí! Pues por haber sido injustos con nosotras, os criticamos cara a cara. De todos

los dioses somos las que más beneficiamos a vuestra ciudad, y sin embargo, somos las únicas a las que no ofrecéis sacrificios ni libaciones, y eso que velamos siempre sobre vosotros.

Pues si se hace una expedición militar sin pizca de sentido, entonces tronamos o llovemos. Después, cuando al curtidor odiado por los dioses, a Paflagón, lo ibais a elegir general, nosotras arqueamos las cejas y armamos mucho estruendo: con el relámpago, un trueno rasgó el aire, la luna abandonó su curso, y el sol, replegando a toda prisa la mecha hacia su interior, afirmaba que no os alumbraría si Cleón era general.

Y, sin embargo, elegisteis a ese individuo. Se dice que las malas decisiones son propias de esta ciudad, pero también que los errores que cometéis, los dioses los truecan en beneficios. Fácilmente os vamos a exponer que también eso os resultará conveniente: si declaráis a Cleón el cuervo culpable de cohecho y de robo, y después le apretáis el cuello con el cepo, aunque desde luego os habéis equivocado, de nuevo los asuntos volverán a la situación anterior, tornándose en muy provechosos para la ciudad.

CORO

Junto a mí también tú, Febo,
señor de Delos, que habitas Cinto,
el peñasco de elevadísima cima:

Y tú, la bienaventurada que habitas la morada
rica en oro de Éfeso, en la cual las hijas
de los lidios te veneran fervientemente.
Y nuestra diosa local,
la que maneja la égida, Atenea, protectora de la ciudad.
Y el que posee el monte Parnaso,
y brilla con antorchas
descollando entre las bacantes délficas,
Dioniso, amante de la fiesta.

CORIFEO   Cuando estábamos dispuestas para empren-
der viaje hacia aquí, la Luna se encontró
con nosotras y nos encargó, en primer lugar, saludar a los Atenienses y a sus alia-
dos; nos dijo después que estaba enfadada,
pues ha sufrido malos tratos, siendo así que
ella os beneficia a todos vosotros, no con
palabras, sino de manera patente.
En primer lugar os ahorra no menos de
una dracma al mes en antorchas; tanto es
así que todos, cuando salís por la noche,
decís: «Chico, no compres antorchas, que
Selene ilumina lo suficiente». Afirma que
también os beneficia en otras cosas; pero
vosotros no lleváis nada bien la cuenta de
los días, sino que los alborotáis de arriba a
abajo, hasta el punto de que, según dice,
los dioses la amenazan una y otra vez cuando se les defrauda una comida y se vuelven
a casa sin haber tenido parte en la fiesta que
les tocaba según el cómputo de los días.
Resulta también que cuando toca ofre-
cer sacrificios, vosotros aplicáis torturas y

os sentáis a juzgar, y muchas veces que nosotros los dioses practicamos el ayuno guardando luto por Memnón o Sarpedón, vosotros hacéis libaciones y os reís. Por esas razones, cuando Hipérbolo fue elegido por sorteo «recordador sagrado», nosotros los dioses le arrebatamos la corona», pues así se enterará mejor de que es preciso que los días de la vida se computen de acuerdo con la luna.

(SÓCRATES *sale del caviladero.*)

SÓCRATES
¡Por Respiración, por Vacío, por Aire!, no he visto en parte alguna un hombre tan palurdo, tan falto de recursos, tan tonto y tan olvidadizo. Incluso tratando de aprender unas ideas de poca monta, las ha olvidado antes de llegar a aprenderlas. Sin embargo, voy a llamarlo aquí fuera a pleno día. (*Llama hacia el caviladero.*) ¿Dónde está Estrepsíades? ¿Saldrás ya trayéndote la cama?

ESTREPSÍADES
(*Al tiempo que sale trayendo una cama.*) Es que no me dejan sacarla fuera las chinches.

SÓCRATES
Ponla en el suelo de una vez y presta atención.

ESTREPSÍADES
Ya está.

SÓCRATES
A ver, entre las cosas de las que nunca has recibido enseñanzas, ¿cuál quieres apren-

der ahora en primer lugar? Dime: ¿las medidas, las palabras o los ritmos?

ESTREPSÍADES   Las medidas, desde luego; que el otro día un comerciante de harina me estafó dos quénices

SÓCRATES   No te estoy preguntando eso, sino qué medida consideras más hermosa, el trímetro o el tetrámetro

ESTREPSÍADES   Para mí ninguna es más importante que el «tetraquénice»

SÓCRATES   Dices bobadas, hombre.

ESTREPSÍADES   Haz una apuesta conmigo a que el «tetraquénice» no es un «tetrámetro».

SÓCRATES   ¡Vete al cuerno! ¡Qué bruto eres y qué duro de mollera! Pero quizá puedas aprender algo de los ritmos.

ESTREPSÍADES   ¿De qué me servirán los ritmos para ganarme el pan?

SÓCRATES   En primer lugar, para que seas refinado en las reuniones, y distingas qué tipo de ritmo es enoplio y qué tipo es dactílico o digital.

ESTREPSÍADES   ¿El digital? Por Zeus, ese lo conozco.

SÓCRATES   Pues dilo.

ESTREPSÍADES   Antes, cuando yo era niño, era este de aquí.

(*Levanta el dedo corazón*.)

SÓCRATES   Eres un patán y un imbécil.

ESTREPSÍADES   No, estúpido, es que de esas cosas no quiero aprender ninguna.

SÓCRATES   Entonces, ¿cuál?

ESTREPSÍADES   Aquello otro, aquello; el argumento más injusto de todos.

SÓCRATES   Pero tienes que aprender otras cosas antes que eso; por ejemplo, qué cuadrúpedos son propiamente masculinos.

ESTREPSÍADES   Yo bien conozco los cuadrúpedos masculinos, si no me he vuelto majareta: carnero, macho cabrío, toro, perro, ave

SÓCRATES   ¿Y los femeninos?

ESTREPSÍADES   Oveja, cabra, vaca, perra, ave.

SÓCRATES   ¿Ves lo que te pasa? Llamas a la hembra ave, y al macho le llamas lo mismo.

ESTREPSÍADES   ¿Cómo, a ver?

SÓCRATES   ¿Que cómo? Ave y ave.

ESTREPSÍADES	Es verdad, por Posidón. Pues ¿cómo tengo que llamarles ahora?
SÓCRATES	«Ava» a una, y al otro «avo».
ESTREPSÍADES	¿Ava? Muy bien, ¡por Aire! Tanto que solo por esa enseñanza te llenaré de grano toda la «amasadero»
SÓCRATES	Vaya , otra vez. Ese es otro ejemplo. Le llamas la «amasadero» en masculino, cuando es un femenino.
ESTREPSÍADES	¿Qué dices? ¿Que yo le llamo «amasadero» en masculino?
SÓCRATES	Sí señor, como también a Cleónimo.
ESTREPSÍADES	¿Cómo es eso? Dime.
SÓCRATES	Lo mismo vale para ti «amasadero» que Cleónimo.
ESTREPSÍADES	Pero, tío, Cleónimo nunca tuvo amasadero, sino que amasaba con un mortero redondo Bueno, en lo sucesivo, ¿cómo debo llamarle?
SÓCRATES	¿Que cómo? «La amasadera», igual que dices «la Sóstrata»
ESTREPSÍADES	¿La «amasadera», en femenino?

SÓCRATES   Bien dicho.

ESTREPSÍADES   Y lo de antes ¿tendría que haber sido «Cleónima nunca tuvo amasadera»?

SÓCRATES   Además, tienes que aprender todavía qué nombres de persona son masculinos y cuáles son femeninos.

ESTREPSÍADES   Yo bien sé cuáles son femeninos.

SÓCRATES   Pues dilo.

ESTREPSÍADES   Lisila, Filma, Clitágora, Demetria.

SÓCRATES   Y ¿qué nombres son masculinos?

ESTREPSÍADES   Muchísimos: Filóxeno, Melesias, Aminias.

SÓCRATES   Pero, imbécil, esos no son masculinos.

ESTREPSÍADES   ¿Para vosotros no son masculinos?

SÓCRATES   Nada de eso, porque si te encontraras con Aminias, ¿cómo le llamarías?

ESTREPSÍADES   ¿Que cómo? Así: ¡Oye, oye, Aminia!.

SÓCRATES   ¿Ves? Le llamas mujer, «la Aminia».

ESTREPSÍADES   ¿Y no tengo razón, si esa no ha hecho el servicio militar? Pero, ¿por qué tengo que aprender esas cosas que todo el mundo sabe?

SÓCRATES	Déjalo, ¡por Zeus! (*Señalando la cama.*) Ahora échate aquí y…
ESTREPSÍADES	¿Qué hago?
SÓCRATES	Imagínate alguno de tus asuntos.
ESTREPSÍADES	¡No, por favor, ahí no! Si no me queda otro remedio, deja que los imagine en el suelo.
SÓCRATES	No hay otra salida más que esa.
ESTREPSÍADES	(*Echándose en la cama.*) ¡Ay, pobre de mí! ¡Qué condena voy a pagar a las chinches en el día de hoy!

(SÓCRATES *entra en su casa.*)

CORO
Ahora piensa y examina con perspicacia,
contorsiónate de todas las maneras
y repliégate sobre ti mismo
Y rápidamente, cuando caigas en un callejón sin salida,
salta hacia otra idea de tu mente.
Y que el sueño, dulcísimo para el ánimo,
se aleje de tus ojos…

ESTREPSÍADES
¡Ay, ay, ay, ay!

CORO
¿Qué te pasa? ¿Qué te duele?

ESTREPSÍADES

Me muero, ¡pobre de mí!
De la cama salen sigilosamente
para morderme los corintios:
los costados me devoran,
la sangre me chupan,
las pelotas me arrancan,
el culo me atraviesan,
¡la vida me quitarán!

CORO

No te lo tomes tan a mal.

ESTREPSÍADES .

¿Cómo que no?,
si se me ha ido el dinero,
se me ha ido el color de la piel,
se me ha ido la sangre de las venas,
y se me han ido las zapatillas,
y, para colmo de desgracias,
aquí estoy papando moscas ,
a punto de irme a paseo yo también.

Segundo acto

(*Llega* SÓCRATES.)

SÓCRATES   ¡Tú!, ¿qué haces? ¿No estás pensando?

ESTREPSÍADES   Sí, por Posidón.

SÓCRATES   Y, ¿qué has pensado?

ESTREPSÍADES   Si en manos de las chinches quedará algo de mí.

SÓCRATES   ¡Que te parta un rayo!

(*Vuelve a entrar en su casa.*)

ESTREPSÍADES   Partido estoy ya, hombre.

CORIFEO   No flaquees; ahora tienes que cubrirte, pues has de discurrir un pensamiento estafador, un subterfugio.

ESTREPSÍADES   ¡Pobre de mí!, ¿quién podría echarme encima, en vez de pieles de cordero... una idea estafadora?

SÓCRATES   *(Saliendo de su casa.)* Hale, en primer lugar voy a ver qué hace este. Oye, ¿estás durmiendo?

ESTREPSÍADES   No, por Apolo, no, no.

SÓCRATES   ¿Tienes ya algo?

ESTREPSÍADES   Por Zeus, no tengo nada.

SÓCRATES   ¿Nada en absoluto?

ESTREPSÍADES   Nada, a no ser el cipote en mi mano derecha.

SÓCRATES   ¿Novas a cubrirte la cabeza y a pensar algo a toda prisa?

ESTREPSÍADES   ¿Sobre qué? Dímelo tú, Sócrates.

SÓCRATES   Di tú mismo lo que quieres discurrir en primer lugar.

ESTREPSÍADES   Has oído ya mil veces lo que yo quiero. Lo de los intereses, para no pagárselos a nadie.

SÓCRATES   Bien, pues cúbrete, desmenuza tu pensamiento, y dale vueltas al asunto cosa por cosa, analizando e investigando correctamente.

ESTREPSÍADES   ¡Ay, pobre de mí!

Sócrates	Estáte quieto; y si con alguno de los pensamientos no sabes seguir adelante, déjalo y márchate, y después dale vuelta otra vez con tu cabeza y sopésalo.
Estrepsíades	(*Sale de la cama después de un momento.*) ¡Queridísimo Socratillo!
Sócrates	¿Qué hay, viejo?
Estrepsíades	Tengo una idea estafadora de los intereses.
Sócrates	Explícala.
Estrepsíades	Pues, dime…
Sócrates	¿Qué?
Estrepsíades	Si yo comprara una hechicera tesalia y bajara de noche la luna, la encerrara en una caja redonda, como se guarda un espejo, y la vigilara estrechamente…
Sócrates	Y,¿qué provecho ibas a sacar tú de eso?
Estrepsíades	¿Que cuál? Si la luna ya no saliera nunca mas en ninguna parte, yo no tendría que pagar los intereses.
Sócrates	¿Por qué motivo?
Estrepsíades	Porque el dinero se presta a interés mensual.

SÓCRATES	Muy bien. Ahora te voy a proponer otro asunto de astucia. Si se dictara contra ti una sentencia de cinco talentos, dime cómo podrías invalidarla.
ESTREPSÍADES	(Pensando.) ¿Cómo?, ¿cómo? No sé. Hay que estudiarlo.
SÓCRATES	No hagas girar siempre tu pensamiento alrededor de ti mismo; más bien deja que vuelen por el aire tus ideas, como un abejorro atado por la pata con un cordel .
ESTREPSÍADES	Ya he encontrado un medio astutísimo de invalidar la sentencia, tanto que tú vas a estar de acuerdo conmigo.
SÓCRATES	¿Cuál es?
ESTREPSÍADES	¿Tú, desde luego, has visto en las droguerías la piedra esa que es muy bonita y transparente, con la que se enciende el fuego?
SÓCRATES	¿Te refieres al cristal?
ESTREPSÍADES	Exactamente. A ver, ¿qué tal si yo cogiera una y cuando el secretario hiciera inscribir mi sentencia en la tablilla, yo, poniéndome un poco lejos, así, por el lado que diera el sol, hiciera que se fundieran las palabras de mi sentencia?
SÓCRATES	Astuto, sí, ¡por las Gracias!

ESTREPSÍADES	¡Ajajá! ¡Qué contento estoy de haber conseguido borrar una sentencia de cinco talentos!
SÓCRATES	Hala, a ver si pillas esto deprisa.
ESTREPSÍADES	¿El qué?
SÓCRATES	Cómo rebatirías una acusación en contra tuya si estuvieras a punto de perder el pleito y no tuvieras testigos.
ESTREPSÍADES	Elemental y facilísimo.
SÓCRATES	Pues dilo.
ESTREPSÍADES	Ahí va: si yo, mientras aún estuviera en trámite otro pleito, antes de que citaran el mío, fuera corriendo y me ahorcara.
SÓCRATES	¡Qué tonterías dices!
ESTREPSÍADES	Nada de eso, ¡por los dioses!, pues nadie me llevará a juicio si estoy muerto.
SÓCRATES	Estás desbarrando. Lárgate. Ya no te voy a enseñar más.
ESTREPSÍADES	¿Por qué? Sí, Sócrates, ¡por los dioses!
SÓCRATES	¡Pero si se te olvida al momento cualquier cosa que aprendes! A ver, ¿qué fue lo primero que te enseñaron ahora mismo? ¡Habla!

ESTREPSÍADES   A ver, a ver, ¿qué era lo primero, qué era lo primero? ¿Qué pieza era aquella en la que se amasa la harina? Pobre de mí, ¿cuál era?

SÓCRATES   Vete a freír espárragos, muérete, viejo torpe que te olvidas de todo.

ESTREPSÍADES   ¡Ay, ay! ¿Qué va a ser de mí, desgraciado? Porque será mi perdición si no aprendo a manejar la lengua. Vosotras, Nubes, aconsejadme algo bueno.

CORIFEO   Nosotras, anciano, te aconsejamos que si tienes un hijo ya crecidito, lo envíes para que aprenda en tu lugar.

ESTREPSÍADES   Yo sí que tengo un hijo que es un perfecto caballero, pero, como no quiere venir a aprender, ¿qué voy a hacer yo?

CORIFEO   ¿Y tú lo consientes?

ESTREPSÍADES   Claro, porque es fuerte y robusto, y procede de una estirpe de mujeres de altos vuelos, la familia de Cesira. Pero voy a ir a buscarlo y, si se niega, de todas todas lo echaré de mi casa. (A SÓCRATES.) Entra y espérame un poco.

CORO   (Mientras ESTREPSÍADES *entra en su casa.*)
¿Te das cuenta de que solo por nosotras, las únicas
de todos los dioses, obtendrás en seguida
muchos beneficios? Pues este está dispuesto

a hacer todo lo que le ordenes.

(A SÓCRATES, *al tiempo que este entra en el caviladero.*)

Y tú, sabiendo que el hombre está majareta
y se encuentra muy exaltado,
chuparás todo lo más que puedas
en seguida; pues las cosas de este estilo suelen tener
resultados distintos de los esperados.

(*Salen de su casa* ESTREPSÍADES y FIDÍPIDES.)

ESTREPSÍADES ¡Por Niebla!, no te quedarás más tiempo aquí. Ve y cómete las columnas de Megacles

FIDÍPIDES Padre, ¿qué te pasa, hombre? Tú no estás en tus cabales, ¡por Zeus Olímpico!

ESTREPSÍADES ¿Ves, ves?, ¡Zeus Olímpico! ¡Qué necedad! ¡Creer en Zeus, a tu edad!

FIDÍPIDES ¿Y por qué te ríes así, a ver?

ESTREPSÍADES Porque me doy cuenta de que eres un crío y de que tus ideas son anticuadas. Sin embargo, acércate, para que amplíes tus conocimientos, pues voy a decirte una cosa que, cuando la hayas aprendido, serás todo un hombre. ¡Pero no se lo digas a nadie!

FIDÍPIDES (*Se acerca a su padre.*) Ya estoy aquí. ¿De qué se trata?

ESTREPSÍADES   Has jurado hace un momento por Zeus.

FIDÍPIDES   Sí.

ESTREPSÍADES   ¿Pues ves qué bueno es aprender? *No* existe Zeus, Fidípides.

FIDÍPIDES   Entonces, ¿quién hay?

ESTREPSÍADES   Gobierna Torbellino, que ha expulsado a
Zeus.

FIDÍPIDES   Pero, bueno, ¿qué tonterías dices?

ESTREPSÍADES   Que te conste que es así.

FIDÍPIDES   ¿Quién lo dice?

ESTREPSÍADES   Sócrates el Melio, y Querefonte, que conoce bien las pisadas de las pulgas.

FIDÍPIDES   ¿Y tú estás ya tan chalado que haces caso
a unos hombres biliosos? .

ESTREPSÍADES   Calla la boca, y no calumnies a unos hombres ingeniosos y sensatos. Por ahorrar, ninguno de ellos se corta nunca el pelo, ni se
unge el cuerpo, ni va a los baños a lavarse
Tú, en cambio, despilfarras mi hacienda en
baños como si yo estuviera muerto. Anda,
ve a toda prisa y aprende tú en mi lugar.

FIDÍPIDES	Pero, ¿qué de bueno se puede aprender de esos hombres?
ESTREPSÍADES	¿En serio? Todo lo que en la humanidad hay de sabiduría. Además, te darás cuenta de qué ignorante y lerdo eres. Hala, espérame aquí un poco.

(Entra en su casa.)

FIDÍPIDES	¡Pobre de mí!, ¿qué voy a hacer, si mi padre está loco? ¿Lo haré comparecer ante el tribunal para que lo declaren incapaz, o comunicaré su demencia a los fabricantes de ataúdes?

(Sale ESTREPSÍADES *de su casa con un esclavo que trae un gallo y una gallina.)*

ESTREPSÍADES	A ver: tú, ¿cómo sueles llamar a este? Di.
FIDÍPIDES	Ave.
ESTREPSÍADES	Bien; ¿y a esta, cómo?
FIDÍPIDES	Ave.
ESTREPSÍADES	¿A los dos lo mismo? Haces el ridículo. No les llames más de esa manera, sino que tienes que llamar a esta, «ava», y a este otro, «avo».

FIDÍPIDES	¿Ava? ¿Estas son las cosas ingeniosas que acabas de aprender ahí dentro, en casa de los «hijos de la tierra»?
ESTREPSÍADES	Y otras muchas. Pero cada vez que aprendía algo, se me olvidaba en seguida por mis muchos años.
FIDÍPIDES	¿Y también por eso es por lo que perdiste la capa?
ESTREPSÍADES	No la he perdido: la he gastado en pensamientos.
FIDÍPIDES	¿Y en qué has empleado tus zapatillas, insensato?
ESTREPSÍADES	Como Pericles, las perdí «por pura necesidad». Pero venga, camina; vamos. (Se dirigen hacia el caviladero.) Ahora, hazle caso a tu padre y pórtate mal. También a mí me consta que una vez, cuando tú eras un crío balbuceante de seis años, te hice caso: con el primer óbolo que gané como jurado, te compré un carrito, en las Diasias.
FIDÍPIDES	Seguro que con el tiempo vas a lamentar esto.

(Va con su padre hacia el caviladero.)

ESTREPSÍADES	¡Muy bien, que me has hecho caso! ¡Oye, oye, Sócrates, sal aquí! (Sale SÓCRATES.)

Aquí te traigo a mi hijo; ya lo he convencido, que él no quería.

SÓCRATES   Es que todavía es un crío y no ha gastado su vida en las cuerdas y colgaduras de aquí.

FIDÍPIDES   Tú sí que resultarías una capa gastada si te colgaran .

ESTREPSÍADES ¿No te irás a freír espárragos? ¿Cómo es que insultas a tu maestro?

SÓCRATES   Mira, «colgaran». ¡De qué manera tan infantil lo ha pronunciado, con los labios separados! ¿Cómo va a aprender este la defensa en los tribunales, la citación o la persuasión altisonante? Y la verdad es que Hipérbolo las aprendió por un talento.

ESTREPSÍADES No te preocupes, enséñale. Es ingenioso de nacimiento. Cuando era un niño así de pequeño, en casa modelaba en arcilla casitas, tallaba barcos, construía carritos de madera de higuera y hacía ranas de cáscaras de granada, no te imaginas cómo. Y mira que aprenda aquellos dos argumentos, el Mejor, sea como sea, y el Peor, el que defiende causas injustas y da al traste con el Mejor; y si no los dos, por lo menos el injusto, de todas todas.

SÓCRATES   Él va a aprender directamente de los propios argumentos. Yo estaré ausente.

ESTREPSÍADES (*Mientras* Sócrates *se va.*) Recuerda esto, que él pueda rebatir cualquier demanda justa.

(*El* Argumento Mejor *sale del caviladero.*)

Argumento Mejor (*Al* Argumento Peor, *que está dentro.*) Ven aquí déjate ver por los espectadores –aunque audacia tienes de sobra–.

Arg. Peor (*Al tiempo que hace su aparición.*) Vete a donde quieras, pues seguro que hablando en público acabaré contigo.

Arg. Mejor ¿Tú, acabar conmigo? ¿Y quién eres tú?

Arg. Peor Un argumento.

Arg. Mejor Sí,pero un argumento peor.

Arg. Peor Pero te voy a vencer a ti que presumes de ser mejor que yo.

Arg. Mejor ¿Valiéndote de qué astucia?

Arg. Peor Inventando nuevas máximas.

Arg. Mejor Sí, eso es lo que se lleva ahora, gracias a estos idiotas

(*Señalando al público.*).

Arg. Peor No, que son inteligentes.

ARG. MEJOR	Acabaré contigo de mala manera.
ARG. PEOR	Di: ¿haciendo qué?
ARG. MEJOR	Presentando lo que es justo.
ARG. PEOR	Yo lo echaré abajo rebatiéndolo. Pues afirmo que la justicia ni siquiera existe.
ARG. MEJOR	¿Que no existe, dices?
ARG. PEOR	Pues, a ver: ¿dónde está?
ARG. MEJOR	Junto a los dioses.
ARG. PEOR	Y si la justicia existe, ¿cómo es que Zeus no pereció por haber hecho prisionero a su padre?
ARG. MEJOR	¡Uy, uy, esto va de mal en peor! Dame la palangana.
ARG. PEOR	Eres un viejo lleno de tufos y no estás al día.
ARG. MEJOR	Eres un maricón desvergonzado...
ARG. PEOR	Me estás echando rosas...
ARG. MEJOR	... un bufón...
ARG. PEOR	...y me coronas de lilas.
ARG. MEJOR	...y eres de los que pegan a su padre.

ARG. PEOR	No te das cuenta de que me estás rociando de oro.
ARG. MEJOR	Desde luego, antes no era oro, sino plomo.
ARG. PEOR	Ahora, sin embargo, eso es para mí un elogio.
ARG. MEJOR	Eres un cara.
ARG. PEOR	Y tú, un carca.
ARG. MEJOR	Por tu culpa, ninguno de los jóvenes quiere ir a la escuela, y llegará el día en que los atenienses sepan a ciencia cierta qué clase de cosas les estás enseñando a ellos, los muy imbéciles.
ARG. PEOR	Estás de un sucio que da asco.
ARG. MEJOR	Sin embargo, a ti te va muy bien, y eso que antes mendigabas, haciéndote pasar por Télefo el Misio, y mordisqueando máximas Pandeleteas que sacabas de tu morral
ARG. PEOR	¡Qué inteligencia…
ARG. MEJOR	¡Qué locura…
ARG. PEOR	… en lo que has dicho!
ARG. MEJOR	… la tuya, y la de la ciudad que te nutre mientras echas a perder a sus jóvenes!

ARG. PEOR	No serás tú el que enseñe a este, siendo como eres de la época de Crono
ARG. MEJOR	Sí lo seré, si hay que salvarlo y evitar que se ejercite solamente en charlatanería.
ARG. PEOR	(A FIDÍPIDES.) Ven aquí y deja a ese con sus chaladuras.
ARG. MEJOR	Te arrepentirás si le pones las manos encima.
CORIFEO	Dejad ya de pelear y de insultaros. Haznos tú (Al MEJOR.) una demostración de lo que enseñabas a los hombres de antes, y tú (Al PEOR.), de la nueva educación, para que este os oiga exponer vuestras razones contrapuestas, y vaya a la escuela que decida.
ARG. MEJOR	Eso es lo que quiero hacer.
ARG. PEOR	También yo quiero.
CORIFEO	Pues hala, ¿cuál de los dos hablará primero?
ARG. PEOR	Le cedo el privilegio a ese. Luego yo, basándome en lo que él diga, lo derribaré con disparos de palabritas y razonamientos nuevos. Finalmente, a la mínima cosa que diga, aguijoneado por todo el rostro y los ojos por mis sentencias, como por obra de avispones, a manos de ellas morirá.

CORO

> Ahora estos dos que confían
> en el superingenio de sus argumentos,
> de sus pensamientos, y de sus ideas
> acuñadoras de sentencias,
> nos harán ver cuál de ellos resultará
> ser el mejor. Está totalmente
> en juego la sabiduría,
> sobre la cual para mis amigos
> se presenta ahora el debate decisivo.

CORIFEO (*Al* ARGUMENTO MEJOR.)Tú que a los hombres de antes coronaste copiosamente con buenas costumbres, lanza esa voz tuya en la que te complaces y explica tu naturaleza.

ARG. MEJOR Voy a exponer cómo era la antigua educación, cuando yo florecía con la justicia por delante, y el buen comportamiento era la práctica habitual.

En primer lugar era de rigor que no se oyera ninguna voz de niño, ni siquiera un murmullo. Después, los muchachos del mismo barrio, para ir a casa del citarista, tenían que andar por las calles en grupo y con orden, y sin capa aunque cayeran copos de nieve como avena a medio moler. Este, por su parte, les enseñaba a aprender de memoria una canción (cuidando de que no juntaran los muslos.), una canción como «Palas, terrible destructora de ciudades»,o «Un grito que a lo lejos resuena», cantándola en el modo que sus padres transmitieron.

Y si alguno de ellos hacía el payaso o realizaba alguna inflexión de voz como las que hacen los de ahora, esas florituras al estilo de Frinis, lo molían a palos por dejar en nada a las Musas Y cuando los muchachos se sentaban en casa del profesor de gimnasia, tenían que taparse con los muslos para que no enseñaran a los de fuera nada cruel.

Después, al levantarse, tenían que borrar sus huellas, y ocuparse de no dejar a sus amantes la impronta de su hombría. Ningún chico podía untarse entonces aceite por debajo del ombligo, así que florecía sobre sus partes íntimas un tenue vello cubierto de rocío como en los membrillos; ni podía, al caminar, poner una voz aterciopelada a su amante y hacerle guiños para ofrecerse a sí mismo.

Tampoco le estaba permitido echar mano de una cabeza de rábano al comer, ni picar el eneldo o el apio de sus mayores, ni tomar golosinas, ni reírse a hurtadillas, ni tener las piernas cruzadas.

ARG. PEOR   Antiguallas con olor a Dipolias, llenas de cigarras, de Cedides y de Bufonias.

ARG. MEJOR   Pero esos son los procedimientos con los que mi educación formó a los hombres que lucharon en Maratón . En cambio, tú a los de ahora les enseñas a envolverse en la capa desde jovencitos, así que hacéis que yo me

ahogue de rabia cuando, al llegar la ocasión de que bailen en las Panateneas, uno pone el escudo delante de su jamón, sin preocuparse de la Tritogenia.

Por eso tú, muchacho, escógeme sin miedo a mí, el Argumento Mejor, y serás versado en odiar la plaza pública, en aborrecer los baños públicos, en avergonzarte de lo vergonzoso, en irritarte si alguien se burla de ti, en levantarte del asiento si se acercan tus mayores, en no portarte mal con tus propios padres ni hacer ninguna otra cosa reprobable que pueda [deshonrar] la estatua del Honor; y en no abalanzarte a casa de una bailarina, no vaya a ser que cuando te quedes pasmado ante cosas así, te dé con una manzana una putilla y veas tu buena fama hecha pedazos, y en no contradecir a tu padre en nada ni, llamándole Jápeto, echarle en cara sus años, esos años en los que tú fuiste criado como un pajarillo.

ARG. PEOR   Si le haces caso en eso, muchacho, por Dioniso que te parecerás a los hijos de Hipócrates, y te llamarán papamoscas.

ARG. MEJOR   Así, con aspecto lozano y floreciente, emplearás el tiempo en ejercicios gimnásticos, y no charlando en la plaza pública de temas extravagantes y punzantes, como hacen los de ahora, ni viéndote arrastrado a juicio por un maldito asunto vicioso y

controvertido; por el contrario, bajarás a
la Academia y, bajo los olivos sagrados,
echarás a correr, coronado de caña verde,
con un buen colega de tu misma edad, y
olerás a tejo, a despreocupación, y al ála-
mo blanco, de hoja caduca, disfrutando en
la estación primaveral, cuando el plátano
susurra al olmo.

Si haces esas cosas que te digo y dedi-
cas tu atención a ellas, tendrás siempre el
pecho lustroso, la piel brillante, los hombros grandes, la lengua corta, el culo grande, el cipote pequeño.

En cambio, si practicas las mismas cosas que los de ahora, en primer lugar tendrás la piel pálida, los hombros pequeños,
el pecho estrecho, la lengua larga, el culo
pequeño, el jamón grande y la propuesta
de decreto larga; y él te convencerá (*Señala al* ARGUMENTO PEOR.) de que consideres
honesto todo lo que es ruin, y ruin lo que
es honesto, y además de eso te contagiará
el tomar por culo de Antímaco

CORO

¡Tú, que la excelsa sabiduría
muy renombrada cultivas,
cuán dulcemente en tus palabras
se encuentra la flor de la virtud!
Dichosos en verdad eran, desde luego,
los que vivían entonces, en tiempo de los antepasados.
(*Al* ARGUMENTO PEOR.)
Frente a esto, tú, que posees una refinada inspiración,

preciso es que digas algo novedoso,
pues el hombre se ha ganado el aplauso.

CORIFEO Hábiles planes parece que necesitas contra
él, si es que has de aventajar al hombre y
no hacerte acreedor de la burla.

ARG. PEOR Desde hace rato me ahogaba yo en mis
adentros de ganas de desbaratar todo eso
con sentencias contrapuestas. Pues entre
los hombres que discurren yo, precisamente por esto, recibí el nombre de Argumento Peor, porque fui el primerísimo al que
se le ocurrió contradecir las costumbres establecidas y los litigios justos. (*A* FIDÍPI-
DES.) Y eso vale más que diez mil estáteres:
que escoja los argumentos peores y que,
encima, salga vencedor. Fíjate en cómo voy
a refutar la educación de la que él es segui-
dor: este dice en primer lugar que no te de-
jará bañarte en agua caliente. (*Al* ARGUMEN-
TO MEJOR.) A ver, ¿con qué fundamento
censuras los baños calientes?

ARG. MEJOR Con el de que son algo muy propio de co-
bardes, y vuelven apocado al hombre.

ARG. PEOR Alto ahí, pues ya te tengo cogido por la cin-
tura con una llave de la que no te puedes
escapar. Así que, dime, de los hijos de Zeus,
¿qué hombre consideras que es el de espí-
ritu más intrépido, di, y el que ha llevado
a cabo los mayores trabajos?

ARG. MEJOR   Yo, a ningún hombre tengo por mejor que a Heracles.

ARG. PEOR   Bueno, pues, ¿dónde has visto que alguna vez los «baños Heracleos» sean fríos? Y, a ver, ¿quién fue más viril que él?

ARG. MEJOR   Esos, esos son los asuntos en los que siempre los jóvenes están todo el día gastando palabras, y que hacen que estén llenos los baños públicos y vacías las palestras.

ARG. PEOR   Después, condenas que pasen el tiempo en el Ágora; yo, sin embargo, lo elogio. Pues si fuera algo nocivo, jamás Homero habría pintado a Néstor como «agoreta», ni a los sabios todos. Desde ahí paso ahora a la lengua, que este dice que los jóvenes no tienen que ejercitarla; en cambio, yo digo que sí. Y dice también que hay que ser buena persona. ¡Dos males grandísimos! Pues ¿a quién has visto tú que por ser buena persona le haya sucedido en alguna ocasión algo de provecho? Dilo, y llévame la contraria con mencionarlo.

ARG. MEJOR   A mucha gente. Peleo , por ejemplo, consiguió su cuchillo por ese motivo.

ARG. PEOR   ¿Un cuchillo? ¡Qué ganancia tan especial consiguió el tío! Hipérbolo, en cambio, el del negocio de lámparas, ha conseguido muchísimos talentos por su falta de honradez,

pero un cuchillo no, ¡por Zeus!, un cuchillo, no.

ARG. MEJOR   Además, Peleo se casó con Tetis por ser
buena persona.

ARG. PEOR   Y después ella lo abandonó y se marchó,
pues él no era ardiente, y no resultaba atrac-
tivo para pasar en su compañía la noche
entera entre las ropas de la cama: a la mujer le gusta que la traten con lascivia.
Tú eres tan carcamal como Crono. Así
que, tú, muchacho, mira todas las cosas
que implica el ser buena persona, y de cuán-
tos placeres vas a verte privado: jovenzue-
los, mujeres, juego, manjares, bebidas, car-
cajadas.
Y, ¿de qué te vale vivir si te ves privado
de estas cosas? Bien, de aquí voy a pasar a
las necesidades imperiosas de la naturaleza.
Tuviste un desliz, te enamoraste, te liaste
con una casada, y después te pillaron: estás
perdido, pues no eres capaz de discursear.
En cambio, si frecuentas mi trato, da rien-
da suelta a tu naturaleza, salta, ríete, no tengas nada por vergonzoso; pues si tienes la
mala suerte de que te cojan en adulterio, res-
ponderás al marido así: que no has cometi-
do nada malo. Después, echa la culpa a Zeus:
que incluso aquél se deja vencer por el amor
y las mujeres, y que tú, siendo mortal, ¿cómo
podrías ser más fuerte que un dios?

ARG. MEJOR	Y, ¿qué tal si por hacerte caso le meten un rábano por el culo y lo afeitan con la ceniza? ¿Podrá argumentar algún razonamiento para evitar que lo manden a tomar por culo?
ARG. PEOR	Y en caso de que sea de los que toman por culo, ¿qué de malo le va a pasar?
ARG. MEJOR	Pues, ¿qué mal peor que ese le podría llegar a pasar?
ARG. PEOR	Bien, ¿qué dirás si resultas vencido por mí en ese punto?
ARG. MEJOR	Me callaré, ¿qué otra cosa, si no?
ARG. PEOR	Pues a ver, dime: los abogados, ¿de qué grupo son?
ARG. MEJOR	De los que toman por culo.
ARG. PEOR	De acuerdo. A ver, y los trágicos, ¿de qué grupo son?
ARG. MEJOR	De los que toman por culo.
ARG. PEOR	Bien dicho. Y los políticos, ¿de qué grupo son?
ARG. MEJOR	De los que toman por culo.

ARG. PEOR	Luego, ¿te das cuenta de que lo que dices no vale nada? Además, de los espectadores mira a ver qué grupo es el más numeroso.
ARG. MEJOR	Ya estoy mirando.
ARG. PEOR	Bueno, ¿qué ves?
ARG. MEJOR	El más numeroso, con mucho, ¡por los dioses!, es el de los que toman por culo. Ese por lo menos sé que lo es, y aquél, y ese melenudo de ahí

(Señalando.)

ARG. PEOR	Bueno, ¿qué dices ahora?
ARG. MEJOR	Nos damos por vencidos. Eh, jodidos, coged mi capa, por los dioses, que me paso a vosotros.

(Arroja la capa y entra en el caviladero.)

ARG. PEOR	*(A* ESTREPSÍADES.*)* Qué, ¿quieres coger a este hijo tuyo y llevártelo, o te le enseño a discursear?
ESTREPSÍADES	Enséñale y castígalo, y recuerda que tienes que dotármelo de una lengua bien afilada que por un lado sirva para pleitecillos; el otro lado de su mandíbula afílalo para asuntos de más envergadura.

ARG. PEOR   Descuida, te lo devolveré hecho un hábil
              sofista.

FIDÍPIDES   (*Aparte.*) Más bien pálido, creo yo, y he-
              cho un desgraciado.

CORO   (A FIDÍPIDES y ARGUMENTO PEOR, *que van al
              caviladero.*)
                         Andad ya.
              (*A ESTREPSÍADES, que entra en su casa.*)
              Creo yo que te arrepentirás de eso.

CORIFEO   (*Al público.*) Queremos proclamar las ven-
              tajas que los jueces obtendrán en caso de
              que favorezcan a este coro, como es de jus-
              ticia. Pues en primer lugar si queréis labrar
              a su tiempo los campos en barbecho, llo-
              veremos primero para vosotros, y para los
              demás después.
                  Además cuidaremos la cosecha y las vi-
              ñas, de manera que ni la sequía ni la lluvia
              excesiva las sofoquen. Pero si alguien, sien-
              do mortal, a nosotras, que somos diosas,
              nos ultraja, que preste atención a qué ma-
              les sufrirá de nuestra parte: no recogerá
              vino ni ninguna otra cosa de su tierra.
                  Pues cuando los olivos y las viñas des-
              punten, los brotes serán cortados de cua-
              jo: con tales disparos de honda los golpe-
              aremos. Y si lo vemos haciendo ladrillos,
              lleveremos y destrozaremos las tejas de su
              tejado con granizos redondos.Y si se casa él,
              o uno de sus parientes o amigos, lloveremos

toda la noche, así que quizá deseará encontrarse incluso en Egipto más que haber sido mal juez.

(ESTREPSÍADES *sale de su casa.*)

ESTREPSÍADES   Quinto, cuarto, tercero, detrás de ese el segundo, después, el que yo temo más que todos los días, el que me hace temblar y me pone enfermo, justo detrás de ese viene el día viejo y nuevo.

Pues todos aquellos con los que estoy en deuda juran que depositarán la cantidad consignada, y después me aniquilarán y me destruirán, y aunque yo pido cosas justas y moderadas, como «tío, esta parte no te la lleves ahora, esta otra aplázamela, esta otra perdónamela», ellos afirman que así nunca recobrarán su dinero, me reprochan que soy injusto, y dicen que pleitearán conmigo. Pues ahora, que pleiteen: poco me importa, si Fidípides ha aprendido a discursear bien. Pronto lo sabré si llamo a la puerta del caviladero. (*Golpea la puerta.*) ¡Chico! –digo–, ¡chico,chico!

SÓCRATES   (*A la puerta.*) Saludo a ESTREPSÍADES.

ESTREPSÍADES   También yo a ti. Pero primero toma esto. (*Le da dinero.*) Pues de alguna manera hay que presentar los respetos al maestro. Y mi hijo, dime si ha aprendido aquel Argumento que hace un momento trajiste a escena.

SÓCRATES   Lo ha aprendido.

ESTREPSÍADES   ¡Fraudulencia todopoderosa, qué bien!

SÓCRATES   Así que podrás salir victorioso de cualquier pleito que quieras.

ESTREPSÍADES   ¿Aunque hubiera testigos presentes cuando recibí el préstamo?

SÓCRATES   Mucho más todavía: aunque sean mil los que estén presentes.

ESTREPSÍADES

Gritaré entonces en voz alta
mi grito: ¡Ah! llorad, prestamistas,
vosotros, el capital y los intereses de los intereses.
Pues ya nada malo podréis hacerme;
tal es el hijo criado
para mí en estas moradas,
brillando con lengua de doble filo;
baluarte mío, salvador de mi casa, perjuicio de mis
[enemigos,
que las grandes desdichas paternas hace desaparecer;
corre y llámalo para que desde dentro venga a mí.
(*Entra* SÓCRATES *en el caviladero.*)
¡Hijo, muchacho, sal de la casa; escucha a tu padre!
(*Sale* SÓCRATES *con* FIDÍPIDES.)

SÓCRATES   Aquí lo tienes.

ESTREPSÍADES   ¡Querido, querido!

SÓCRATES   Márchate con él.

               (SÓCRATES *entra en el caviladero.*)

ESTREPSÍADES   ¡Oh, oh, hijo! ¡Huy, huy! Qué contento es-
               toy antes de nada de ver el color de tu piel.
               Ahora no hay más que verte para saber que
               eres de los que niega ycontradice, y sobre
               tu rostro florece realmente eso tan nuestro,
               el «¿qué quieres decir tú?», y el parecer
               que se sufre injusticia cuando se comete,
               incluso de las gordas, lo sé bien. Ahora tra-
               ta de salvarme, ya que eres tú el que me
               perdió.

FIDÍPIDES   Y ¿qué es lo que temes?

ESTREPSÍADES   El día viejo y nuevo.

FIDÍPIDES   Así que ¿existe un día viejo y nuevo?

ESTREPSÍADES   Sí, ese en el que dicen que depositarán la
               cantidad consignada contra mí.

FIDÍPIDES   Entonces los que la depositen la perderán,
               pues no es posible que un día se convierta
               en dos días.

ESTREPSÍADES   ¿No se puede convertir?

FIDÍPIDES   ¿Pues cómo iba a poder? A menos que la
               misma mujer fuera a la vez una anciana y
               una joven.

ESTREPSÍADES	Sin embargo, eso es lo acostumbrado.
FIDÍPIDES	Porque no saben bien, creo yo, lo que la ley quiere decir.
ESTREPSÍADES	Y ¿qué quiere decir?
FIDÍPIDES	El antiguo Solón era por naturaleza amigo del pueblo.
ESTREPSÍADES	Eso por ahora no tiene nada que ver con el día viejo y nuevo.
FIDÍPIDES	Así que aquél situó la citación en dos días, o el día viejo y el día nuevo, para que los depósitos se hicieran en la luna nueva.
ESTREPSÍADES	¿Para qué añadió el día viejo?
FIDÍPIDES	Amigo mío, para que los demandados comparezcan un día antes y así se lo quiten de encima de antemano y voluntariamente, y en caso de que no, para que el día de la luna nueva por la mañana estén un poco intranquilos
ESTREPSÍADES	¿Cómo es que los magistrados no aceptan entonces los depósitos de la cantidad consignada el día de la luna nueva, sino el día-viejo-y-nuevo?
FIDÍPIDES	Es que me parece que les pasa lo mismo que a los catadores: para malversar lo más

rápidamente posible los depósitos, para eso los cobraban un día antes.

ESTREPSÍADES   Muy bien. *(Al público.)* Desgraciados, ¿qué hacéis ahí sentados como idiotas, para provecho de nosotros los inteligentes? ¡Vosotros sois solamente piedras, números, un estúpido rebaño de ovejas, y un montón de ánforas! Para mí mismo y para mi hijo aquí presente, tengo que cantar un canto de alabanza por nuestra buena suerte.

«Afortunado Estrepsíades,
¡qué inteligente has nacido,
y qué hijo estás criando!»,
me dirán mis amigos
y mis vecinos
con envidia, cuando tú
ganes los pleitos por tu oratoria.
Pero primero quiero llevarte
dentro y festejarte.

(Entran ambos en la casa. Llega un acreedor con un testigo.)

ACREEDOR 1   *(Al testigo.)* Además, ¿tiene un hombre que dejar que se pierda algo de lo que es suyo? Nunca; mejor hubiera sido no ruborizarse precisamente entonces, en vez de tener problemas: la cuestión es que ahora mismo te estoy arrastrando aquí para servirme de testigo por un dinero que es mío, y además de eso me haré enemigo de un vecino mío.

Pero nunca mientras viva he de avergonzar a mi patria, sino que, por el contrario, voy a citar a Estrepsíades...

ESTREPSÍADES   (*Saliendo de su casa.*) ¿Quién anda ahí?

ACREEDOR 1   ... para el día-viejo-y-nuevo.

ESTREPSÍADES   (*Al público.*) Tetomo por testigo de que ha dicho para dos días diferentes. (*Al* ACREEDOR.) ¿Por qué motivo?

ACREEDOR 1   Por las doce minas que recibiste para comprar el caballo gris moteado.

ESTREPSÍADES   El caballo. ¿No habéis oído? ¡Yo, que todos vosotros sabéis que odio lo que tiene que ver con los caballos!

ACREEDOR 1   ¡Por Zeus!, y además juraste por los dioses que ibas a pagármelas.

ESTREPSÍADES   No, ¡por Zeus!, es que entonces mi Fidípides aún no había aprendido el argumento invencible.

ACREEDOR 1   ¿Y ahora por esa razón pretendes hacer un protesto?

ESTREPSÍADES   ¿De qué otra manera sacaría yo provecho de lo que él aprendió?

ACREEDOR 1   ¿Y estás dispuesto a hacer el protesto jurando por los dioses allí donde yo te lo indiqué?

ESTREPSÍADES   ¿Por qué dioses?

ACREEDOR 1   Por Zeus, por Hermes, por Posidón.

ESTREPSÍADES   ¡Sí, por Zeus! Y yo incluso pagaría un trióbolo por poder jurar.

ACREEDOR 1   ¡Ojalá revientes por tu descaro!

ESTREPSÍADES   *(Palpando el vientre de su oponente.)* Frotado con sal podría servir este.

ACREEDOR 1   ¡Ay, ay, cómo te burlas!

ESTREPSÍADES   Le cabrán seis congios.

ACREEDOR 1   ¡Por el gran Zeus y los dioses, no escaparás de mí impunemente!

ESTREPSÍADES   Me ha hecho muchísima gracia eso de «dioses»; además, jurar por Zeus es ridículo para los que tienen dos dedos de frente.

ACREEDOR 1   Te aseguro que tú con el tiempo rendirás cuenta de esto. Pero respóndeme si me pagarás el dinero o no, y déjame ir.

ESTREPSÍADES   Quédate quieto, que yo en seguida te daré una respuesta clara.

(*Entra en su casa.*)

ACREEDOR 1   (*Al testigo.*) ¿Qué te parece que va a hacer? ¿Te parece que me pagará?

ESTREPSÍADES   (*Sale de la casa con una artesa.*) ¿Dónde está ese que me reclama el dinero? Di, ¿cómo se llama esto?

ACREEDOR 1   ¿Que cómo se llama? La amasadero.

ESTREPSÍADES   ¿Y tú reclamas el dinero, siendo así? No pagaría yo ni un óbolo a nadie que llamara la «amasadero» a la «amasadera»

ACREEDOR 1   ¿Que no vas a pagarme?

ESTREPSÍADES   No, que yo sepa. Así que ¿no vas acabar de irte a escape de mi puerta?

ACREEDOR 1   Me voy a ir, y después, para que te enteres, voy a depositar la cantidad consignada y si no ¡que me muera!

(*Salen el* ACREEDOR 1. *ysu testigo.*)

ESTREPSÍADES   Pues perderás eso además de las doce minas, y no quiero que te pase eso solo porque le llamaste como un tonto «la amasadero».

(*Llega* ACREEDOR 2.)

ACREEDOR 2	¡Ay, ay de mí!
ESTREPSÍADES	¡Anda! ¿Quién es ese que se lamenta? ¿No será una de las divinidades de Carcino la que hablaba?
ACREEDOR 2	¿Que quién soy yo?, ¿por qué queréis saberlo? Un hombre desdichado.
ESTREPSÍADES	¡Vuélvete por tus pasos!
ACREEDOR 2	«¡Oh divinidad cruel, oh fortuna que rompiste las ruedas de mi carro! ¡Oh Palas, cómo me has destruido!»
ESTREPSÍADES	Pues, ¿qué mal te ha hecho Tlempólemo?
ACREEDOR 2	No te burles de mí, amigo; por el contrario, dile a tu hijo que me pague el dinero que recibió, sobre todo porque estoy en mala situación.
ESTREPSÍADES	¿Qué dinero es ese?
ACREEDOR 2	El que tomó prestado.
ESTREPSÍADES	Sí que estás hecho polvo, me parece a mí.
ACREEDOR 2	Sí, por los dioses, estaba guiando el carro y me caí.
ESTREPSÍADES	Entonces, ¿por qué dices tonterías como si te hubieras caído de un burro?

ACREEDOR 2   ¿Tonterías digo, si quiero recuperar mi dinero?

ESTREPSÍADES   No hay posibilidad de que estés sano otra vez.

ACREEDOR 2   ¿Eso, por qué?

ESTREPSÍADES   Me parece que tu cerebro ha sufrido algo así como una sacudida.

ACREEDOR 2   Y a mí me parece que tú, por Hermes, vas a ser citado a juicio por mí, si no pagas el dinero.

ESTREPSÍADES   Bueno, dime: ¿crees que Zeus llueve cada vez agua nueva, o que el sol arrastra desde abajo esa misma agua nuevamente?

ACREEDOR 2   No sé cuál de las dos cosas es, ni me importa.

ESTREPSÍADES   Anda, ¿y cómo va a ser justo que tú recuperes el dinero, si no sabes nada de meteorología?

ACREEDOR 2   Bueno, si no tienes dinero suficiente, al menos págame el interés.

ESTREPSÍADES   Ese, el interés, ¿qué animal es?

ACREEDOR 2   ¿Qué otra cosa va a ser sino que cada mes y cada día el dinero se hace siempre más y más, al pasar el tiempo?

ESTREPSÍADES   Bien dicho. Pues a ver: ¿crees que el mar es mayor ahora que antes?

ACREEDOR 2   No, por Zeus, es igual. Pues no es apropiado que sea mayor.

ESTREPSÍADES   Entonces, desgraciado, ¿cómo es que este no se hace mayor con los ríos que afluyen a él, y tú sin embargo tratas de hacer tu dinero más grande? ¿No te expulsarás a ti mismo de la casa? *(A los de la casa.)* Tráeme la aguijada.

(Un esclavo la trae.)

ACREEDOR 2   De esto yo tomo testigos.

ESTREPSÍADES   *(Dándole con la aguijada.)* ¡Arre!, ¿por qué tardas? ¿*No* te mueves, caballo marcado con la «ese»?

ACREEDOR 2   ¿No es esto el colmo del descaro?

ESTREPSÍADES   ¿Te moverás? Voyalanzar sobre tila aguijada y te pincharé en el culo, caballo lateral. (El ACREEDOR 2 *se va.)* ¿Huyes? Ya sabía yo que te haría moverte con todas tus ruedas y tus tiros.

(ESTREPSÍADES *entra en su casa.*)

CORO.
> ¡Lo que es amar los asuntos ruines! Pues el
> viejo este, enamorado de ellos,
> quiere retener
> el dinero que pidió prestado.
> Y no es posible que en el día de hoy no
> le sobrevenga algún problema que
> haga a este sofista apartarse
> repentinamente de las vilezas
> que se ha puesto a cometer.
> Pues creo que él va a encontrar en seguida
> lo que hace tiempo pedía,
> que su hijo sea hábil
> para argumentar sentencias contrarias
> a lo que es justo, de manera que
> salga victorioso contra todos los que
> tengan trato con él, aunque sus argumentos
> sean abominables; y quizá, quizá
> va a desear
> que su hijo esté mudo.

(ESTREPSÍADES *sale de su casa perseguido por
su hijo.*)

ESTREPSÍADES
> ¡Ay, ay, vecinos, parientes, compañeros de
> demo. Ayudadme por favor, que me zu-
> rran! ¡Ay, pobre de mí, mi cabeza, mi me-
> jilla! (*A* FIDÍPIDES.) ¡Ah, granuja!, ¿le pegas
> a tu padre?

FIDÍPIDES
> Sí, padre.

ESTREPSÍADES	¿Veis que admite que me está pegando?
FIDÍPIDES	Ciertamente.
ESTREPSÍADES	¡Granuja, parricida, sinvergüenza!
FIDÍPIDES	Dime otra vez esas mismas cosas y más aún. ¿Sabes que lo paso bien oyendo tantos insultos?
ESTREPSÍADES	¡Maricón, que tienes un culo como una tinaja!
FIDÍPIDES	Rocíame con muchas rosas de esas.
ESTREPSÍADES	¿A tu padre le pegas?
FIDÍPIDES	Y además, ¡por Zeus!, demostraré que te he pegado con todas las de la ley.
ESTREPSÍADES	¡Sinvergüenza redomado!, ¿cómo va a ser legítimo pegarle a un padre?
FIDÍPIDES	Yo te lo haré ver, y además, te venceré con mis palabras.
ESTREPSÍADES	¿Que vas a vencerme en esto?
FIDÍPIDES	De todas todas y con facilidad. Escoge cuál de los dos Argumentos quieres sostener.
ESTREPSÍADES	¿Qué dos Argumentos?

FIDÍPIDES   El Mejor o el Peor.

ESTREPSÍADES   Por Zeus, sí que he hecho que te enseñaran bien a argumentar contra lo justo, ami-
go, si vas a ser convincente en eso de que
es justo y adecuado que un padre sea golpeado por sus hijos.

FIDÍPIDES   Yocreo que ciertamente te convenceré, tanto que cuando me haya s oído ni siquiera
vas a argumentar nada en contra.

ESTREPSÍADES   Desde luego, lo que vas a decir quiero es-
cucharlo.

CORO
Tu labor, anciano, consiste en discurrir
cómo vas a derrotar a este hombre,
pues este, si no confiara en algo, no
sería tan insolente:
hay algo con lo que él se envalentona.
Su arrogancia es bien clara.

CORIFEO   Ya tienes que decirle al coro por qué empezó la discusión. Lovas a hacer de todas
maneras.

ESTREPSÍADES   Sí que voy a decirte por qué comenzamos
a insultarnos. Pues bien, después de que,
como sabéis, hicimos fiesta, primero le
dije que cogiera la lira y cantara una canción de Simónides, «Cómo fue esquilado el
carnero». Este en seguida dijo que estaba

anticuado eso de tocar la lira mientras se bebía como hace una mujer cuando muele cebada tostada.

FIDÍPIDES ¿Y no tenías que haber sido aporreado y pisoteado justamente entonces?, ¡decirme que cantara, como si hicieras fiesta para las cigarras!

ESTREPSÍADES También entonces ahí dentro, murmuraba cosas así como las de ahora; y de Simónides decía que es un mal poeta. Y yo, aunque a duras penas, me iba aguantando al principio. Pero más adelante le dije que por lo menos cogiera una rama de mirto y me recitara algo de Esquilo; y él me dijo en seguida: «Pues yo sí que considero a Esquilo el primero entre los poetas, en estar lleno de ruido y en ser incoherente, grandilocuente y fabricante de palabras pretenciosas como peñascos».

Y ¿cómo creéis que mi corazón palpitaba entonces? Pero yo, rumiando mi cólera, le decía: «Tú recita entonces algo de esos, de los modernos, cualesquiera que sean sus pasajes ingeniosos».

Y en seguida él pronunció una parrafada de Eurípides: cómo un hermano, ¡dios que nos libras de males!, jodía a una hermana hija de la misma madre, y yo ya no me aguanté más, sino que le llené el saco de palabras duras y denigrantes. Y claro, después, como es natural, nos enzarzamos

insulto tras insulto. Luego él salta sobre mí y después me estruja, me despedaza, me estrangula y me tritura.

FIDÍPIDES   ¿Y no estaba bien hecho eso, tú que no elogias a Eurípides, el más inteligente?

ESTREPSÍADES   ¿El más inteligente aquél?, tú... ¿qué te voy a llamar? No, que me darán de palos otra vez.

FIDÍPIDES   Sí, por Zeus, y sería con razón.

ESTREPSÍADES   ¿Cómo que con razón? Yo, desvergonzado, que te crié atendiendo a todo lo que balbuceabas, por saber qué querías. Si decías «aba», yo te entendía y te daba de beber; si pedías «pa» yo iba a traerte pan; no habías acabado de decir «caca», cuando yo te había cogido, y te sacaba a la puerta sosteniéndote. Pero tú ahora cuando me estrangulabas, aunque yo chillaba y gritaba que quería cagar, no quisiste, ¡maldito!, sacarme fuera, a la puerta, sino que me ahogaba y me hice caca allí mismo.

CORO.
　　Creo que los corazones de los jóvenes
　　　saltan por oír lo que va a decir.
Pues si este, con haber hecho cosas de tal calibre,
　　nos va a convencer con su palabrería,
　　no daríamos por la piel de los viejos
　　　ni siquiera un garbanzo.

CCRIFEO   (A FIDÍPIDES.) Tu tarea, ¡agitador y remo-
            vedor de palabras de nuevo cuño!, consis-
            te en buscar un medio de persuasión, para
            que parezca que dices cosas justas.

FIDÍPIDES   ¡Qué agradable es codearse con cuestiones
            nuevas e ingeniosas y poder despreciar las
            costumbres establecidas! Pues yo, cuando
            dedicaba mi atención solamente a la hípi-
            ca, ni siquiera era capaz de decir tres pala-
            bras sin meter la pata. En cambio, ahora,
            después de que ese me hizo acabar con esas
            cosas y he confraternizado con sentencias
            sutiles, con argumentos y pensamientos,
            creo que demostraré que es justo castigar
            al padre de uno.

ESTREPSÍADES Sigue con tus caballos entonces, ¡por Zeus!,
            que es mejor para mí alimentar una cua-
            driga que verme triturado a fuerza de reci-
            bir golpes.

FIDÍPIDES   Volveré al punto de mi discurso en que me
            interrumpiste, y, en primer lugar, te voy a
            preguntar esto: ¿me pegabas cuando era
            niño?

ESTREPSÍADES Sí, por ser cariñoso y preocuparme por ti.

FIDÍPIDES   Pues dime, ¿no es justo que también yo sea
            cariñoso contigo de la misma manera y te
            pegue, puesto que en eso consiste ser ca-
            riñoso, en pegar? Pues, ¿cómo es que tu

cuerpo tiene que estar libre de golpes y el mío no? Que también yo soy hombre libre de nacimiento. «Los hijos lloran, ¿crees que el padre no ha de llorar?». Tú afirmarás que la costumbre es que eso sea cosa del hijo; pero yo podría contradecirte diciendo que «los viejos son dos veces niños»; y es más natural que lloren los viejos que los jóvenes, en la medida en que es menos razonable que ellos cometan faltas.

ESTREPSÍADES   Pero en ninguna parte es de ley que el padre pase por eso.

FIDÍPIDES   ¿Es que no fue un hombre como tú y como yo el primero que puso esa ley, y persuadía a los antiguos hablando? ¿Y es que yo a mi vez voy a tener menos posibilidades de poner una nueva ley para los hijos de cara al futuro, que peguen también ellos a sus padres? Los golpes que recibimos antes de que estuviera puesta la ley los sacamos de cuenta y les concedemos habernos zurrado impunemente. Mira los gallos y esos otros bichos, cómo se toman la revancha de sus padres. ¿Y en qué se diferencian aquéllos de nosotros, si no es en que no proponen decretos?

ESTREPSÍADES   Entonces, ya que imitas en todo a los gallos, ¿por qué no comes también estiércol y duermes en un palo?

FIDÍPIDES	No es lo mismo, tío, ni se lo parecería a Sócrates.
ESTREPSÍADES	Pues entonces no me pegues; si no, un día tendrás que echarte la culpa.
FIDÍPIDES	¿Cómo es eso?
ESTREPSÍADES	Porque es justo que yo te castigue a ti, y que tú, si lo tienes, castigues a tu hijo.
FIDÍPIDES	Pero en caso de que no lo tenga, en vano habrán sido mis lloros, y tú te habrás muerto habiéndote burlado de mí.
ESTREPSÍADES	(A los espectadores ancianos.) Hombres de mi edad, a mí me parece que dice cosas justas. Y me parece también que hay que concederles a estos lo que es razonable. Pues es natural que nosotros paguemos si no hacemos lo que es justo.
FIDÍPIDES	Mira también este otro argumento.
ESTREPSÍADES	No, será mi perdición.
FIDÍPIDES	Quizá no llevarás tan a mal haber pasado lo que has pasado ahora.
ESTREPSÍADES	¿Cómo es eso? Explícame qué provecho conseguirás que saque yo aún de eso.
FIDÍPIDES	Pegaré a mi madre igual que a ti.

ESTREPSÍADES ¿Qué dices, qué dices? Esto otro es una canallada todavía más grande.

FIDÍPIDES Pues, ¿qué me dices si con el Argumento Peor te voy a vencer diciendo que hay que pegar a la madre?

ESTREPSÍADES ¿Qué otra cosa que, si haces eso, nada va a impedir tirarte al Barranco, con Sócrates, a ti y al Argumento Peor? (*Al* CORO.) Nubes, esto me ha sucedido por culpa vuestra, por haber puesto en vuestras manos todos mis asuntos.

CORIFEO Tú eres el único que tienes la culpa, por haberte dedicado a hacer canalladas.

ESTREPSÍADES ¿Y por qué no me decías eso entonces, en vez de darle alas a un hombre paleto y viejo?

CORIFEO Esto es lo que hacemos siempre, cada vez que nos topamos con alguien que es aficionado a las canalladas, hasta que lo precipitamos en la desgracia para que aprenda a temer a los dioses.

ESTREPSÍADES ¡Ay de mí, Nubes! Es cruel, pero justo, pues no debería haber birlado lo que pedí prestado. (*A* FIDÍPIDES.) Así que ahora, querido, ven conmigo a matar al bastardo de Querefonte y a Sócrates, que nos han engañado.

FIDÍPIDES	Yo no podría hacerle mal a mis maestros.
ESTREPSÍADES	«Sí, sí; ten respeto a Zeus Paternal».
FIDÍPIDES	Mira: «Zeus Paternal». ¡Qué antiguo eres! ¿Es que existe algún Zeus?
ESTREPSÍADES	Existe.
FIDÍPIDES	No existe, no, porque reina Torbellino, que ha expulsado a Zeus.
ESTREPSÍADES	No lo ha expulsado, sino que yo creía eso por culpa de esta «turbicopa» (*La señala.*) ¡Qué imbécil soy, tomarte a ti, una pieza de barro, por un Dios!
FIDÍPIDES	Anda, desbarra aquí tú solo y sigue con tus disparates.

(Entra en su casa.)

ESTREPSÍADES	¡Ay de mí, qué chaladura! ¡Qué loco me volví cuando llegué a rechazar a los dioses por culpa de Sócrates! (*A una estatua de Hermes que está delante de su casa.*) Pero de ningún modo te enfades conmigo ni me hagas papilla, Hermes querido: más bien ten compasión de mí, que me volví tarumba por culpa de su charlatanería; y sé mi consejero, sobre si he de perseguirlos judicialmente incoando un proceso o lo que te parezca. (*Hace que escucha a Hermes.*)

Bien me aconsejas no dejando que me dedique a picapleitos, sino que a toda prisa incendie la casa de los charlatanes. *(Da voces hacia su casa.)* Oye, oye, Jantias, ven aquí con una escalera y un azadón, y después sube a lo alto del caviladero y destrózale el tejado, si es que quieres a tu señor, hasta que les tires la casa encima. *(El esclavo sale de la casa con lo indicado y sube al tejado del caviladero.)* Que alguien me traiga una antorcha encendida, que yo voy a hacerle a alguno de ellos pagármelas todas juntas hoy mismo, por muy fanfarrones que sean.

(Coge la antorcha que le traen y sube también al tejado.)

DISCÍPULO   *(Dentro.)* ¡Ay, ay!

ESTREPSÍADES   *(Aplica la antorcha.)* Antorcha, tu obligación es lanzar una enorme llamarada.

DISCÍPULO   *(Se hace visible.)* ¿Qué es lo que haces, hombre?

ESTREPSÍADES   ¿Que qué hago? ¿Qué voy a hacer sino mantener un diálogo sutil con las vigas de la casa?

QUEREFONTE   *(Por una ventana.)* Ay de mí, ¿quién prende fuego a nuestra casa?

ESTREPSÍADES   Justamente aquel al que le quitasteis la capa.

QUEREFONTE   (*Igual.*) Nos matarás, nos matarás.

ESTREPSÍADES Pues eso es precisamente lo que yo quiero, si el azadón no traiciona mis esperanzas o si no me caigo yo antes y me desnuco.

SÓCRATES   (*Saliendo del caviladero.*) Tú, ¿qué es lo que haces, tú, el del tejado?

ESTREPSÍADES «Camino por los aires y paso revista al sol»

SÓCRATES   ¡Ay,desgraciado, me voy a ahogar, pobre de mí!

QUEREFONTE   (*Igual que antes.*) Y yo, miserable de mí, voy a morir achicharrado.

ESTREPSÍADES (*Bajando al suelo, con Jantias.*) Y¿por qué razón insultabais a los dioses y escudriñabais las asentaderas de la luna? Persigue, pega, golpea, por mil cosas, pero sobre todo sabiendo cómo ultrajaban a los dioses.

(QUEREFONTE *y los restantes discípulos consiguen salir del caviladero y huyen con* SÓCRATES, *perseguidos por* ESTREPSÍADES *y Jantias.*)

CORIFEO   Encabezad la marcha hacia fuera, que nuestro coro ya ha actuado bastante por hoy.

Fin